Inhaltsverzeichnis

	Basis	Training	Extra
Zehnereinmaleins			
Vielfache			
Teiler	2–7 ⑨	8	9
Halbschriftliche Multiplikation			
Malkreuz	10–14 ⑩	15	
Halbschriftliche Division			
Aufgaben kontrollieren			
Teilbarkeitsregeln			
Division mit Rest	16–21 ⑪	22	23
Multiplikation und Division üben			
Verdoppeln			
Halbieren	24–27 ⑫	28	29
Sachrechnen			
Überschlag	30–34 ⑬	35	
Schriftliche Addition			
Addition ohne Übertrag			
Addition mit Übertrag			
Addition mit 3 Summanden	36–43 ⑭	44	45
Schriftliche Subtraktion			
Subtraktion ohne Übertrag			
Subtraktion mit Übertrag	46–53 ⑮	54	55
Alle Rechenarten			
Aufgaben kontrollieren			
Gleichungen und Ungleichungen			
Geschicktes Rechnen			
Punkt- vor Strichrechnung	56–62 ⑯	63	
Sachrechnen			
Projekt: Gesundes Frühstück			
Projekt: Zoo			
Tabellen und Diagramme	64–70		71
Unsere Fachsprache	72		

Zehnereinmaleins

$$3 \cdot 1 = 3$$
$$3 \cdot 10 = 30$$
$$3 \cdot 100 = 300$$

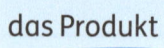

die Multiplikation
multiplizieren
der Faktor
das Produkt

! **Multiplikation**   3   ·   100   =   300
   multiplizieren   Faktor   Faktor   Produkt

1

___ · 10 = _____   ___ · 100 = _____   ___ · 100 = _____

2 a)   3 · 10 = _____   b)   4 · 10 = _____   c)   9 · 10 = _____

     3 · 100 = _____   4 · 100 = _____   9 · 100 = _____

3   Rechne Aufgabe und Tauschaufgabe.

   a)   7 · 10 = _____   5 · 10 = _____   9 · 10 = _____

     10 · 7 = _____   _____   _____

   b)   6 · 100   8 · 100   2 · 100

4   Rechne Aufgabe und Umkehraufgabe.

   a)   6 · 10 = __60__   7 · 10 = _____   8 · 10 = _____

     60 : 10 = _____   _____   _____

   b)   6 · 100   5 · 100   2 · 100

5 a)   20 : 10 = ____   b)   510 : 10 = ____   c)   _____ : 100 = 9

     200 : 100 = ____   550 : 10 = ____   _____ : 10 = 90

     200 : 10 = ____   1 000 : 10 = ____   _____ : 10 = 95

Multiplikationsaufgaben mit 10 und 100 sowie
Tausch- und Umkehraufgaben dazu lösen.
Fachbegriffe zur Multiplikation kennenlernen.

Bei der Multiplikation mit 10 endet das
Produkt mit einer Null.
Bei der Multiplikation mit 100 …

Zehnereinmaleins

1 Rechne wie Mini und Max.

a) 🐸 2 · _4_ = _____
   🐶 2 · 40 = _____

b) 🐸 4 · _____
   🐶 4 · _____

c) 🐸 _____
   🐶 _____

2 a) 🐸 _____
       🐶 4 · 80 = _____

b) 🐸 _____
   🐶 7 · 60 = _____

c) 🐸 _____
   🐶 6 · 90 = _____

3 a) 6 · 4 = _____   _____   _____   _____
        6 · 40 = _____   4 · 50 = _____   2 · 90 = _____   5 · 80 = _____

b) _____   _____   _____   _____
   3 · 70 = _____   4 · 80 = _____   7 · 20 = _____   8 · 30 = _____

c) _____   _____   _____   _____
   90 · 1 = _____   30 · 5 = _____   60 · 6 = _____   80 · 8 = _____

4 70 · 4 = _____   90 · 8 = _____   20 · 0 = _____   80 · 7 = _____
     40 · 9 = _____   70 · 3 = _____   60 · 7 = _____   90 · 9 = _____

Aufgaben des Zehnereinmaleins mit Hilfe der Analogieaufgaben lösen.

Ich löse die Multiplikationsaufgabe mit Hilfe der Miniaufgabe.
3 · 40 löse ich mit Hilfe von 3 · 4.

3

Zehnereinmaleins

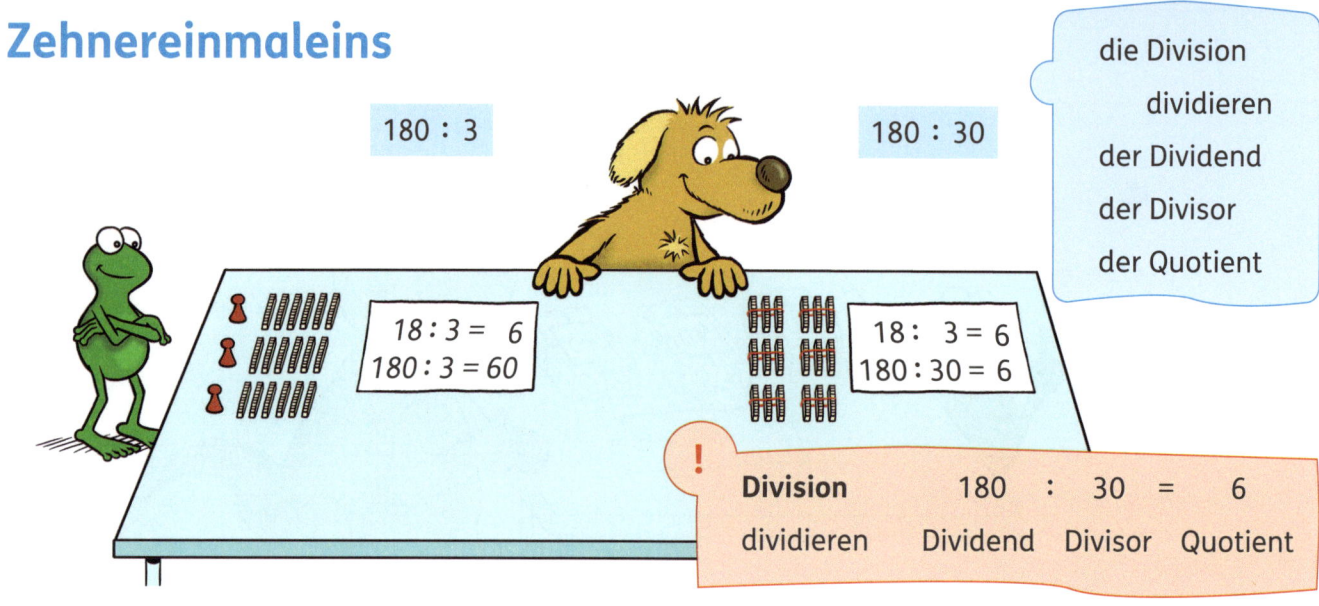

$180 : 3$

$180 : 30$

die Division
dividieren
der Dividend
der Divisor
der Quotient

$18 : 3 = 6$
$180 : 3 = 60$

$18 : 3 = 6$
$180 : 30 = 6$

!

Division	180	:	30	=	6
dividieren	Dividend		Divisor		Quotient

1 Rechne wie Mini.

a) $15 : 3 = $ ____ $\qquad$ $24 : 4 = $ ____ $\qquad$ $21 : 7 = $ ____
$150 : 3 = $ ____ $\qquad$ $240 : 4 = $ ____ $\qquad$ $210 : 7 = $ ____

b) ___ : __ = ___ $\qquad$ ___ : __ = ___ $\qquad$ ___ : __ = ___
$350 : 5 = $ ____ $\qquad$ $400 : 8 = $ ____ $\qquad$ $480 : 6 = $ ____

2 a) $180 : 2 = $ ____ $\qquad$ b) $270 : 9 = $ ____ $\qquad$ c) $560 : 8 = $ ____
$360 : 6 = $ ____ $\qquad$ $140 : 7 = $ ____ $\qquad$ $320 : 4 = $ ____
$120 : 3 = $ ____ $\qquad$ $300 : 6 = $ ____ $\qquad$ $450 : 5 = $ ____
$800 : 8 = $ ____ $\qquad$ $630 : 9 = $ ____ $\qquad$ $280 : 7 = $ ____

🔑 20 30 40 40 50 60 70 70 80 80 90 90 100

3 Rechne wie Max.

a) $20 : 4 = $ __ $\qquad$ $45 : 5 = $ __ $\qquad$ $18 : 6 = $ __
$200 : 40 = $ __ $\qquad$ $450 : 50 = $ __ $\qquad$ $180 : 60 = $ __

b) ___ : __ = __ $\qquad$ ___ : __ = __ $\qquad$ ___ : __ = __
$350 : 70 = $ __ $\qquad$ $900 : 90 = $ __ $\qquad$ $210 : 30 = $ __

4 a) $720 : 90 = $ __ $\qquad$ b) $250 : 50 = $ __ $\qquad$ c) $280 : 40 = $ __
$120 : 60 = $ __ $\qquad$ $420 : 70 = $ __ $\qquad$ $320 : 80 = $ __
$160 : 20 = $ __ $\qquad$ $270 : 90 = $ __ $\qquad$ $240 : 60 = $ __
$90 : 10 = $ __ $\qquad$ $480 : 80 = $ __ $\qquad$ $150 : 30 = $ __

🔑 2 3 4 4 5 5 6 6 7 7 8 8 9

Divisionsaufgaben mit Hilfe der
Analogieaufgaben lösen.
Fachbegriffe zur Division kennenlernen.

Ich löse die Divisionsaufgabe
mit Hilfe der Miniaufgabe.
$180 : 3$ löse ich mit Hilfe von $18 : 3$.

Zehnereinmaleins

$420 : 70 = 6$ ✓

P: $6 \cdot 70 = 420$

Als Probe rechne ich die Umkehraufgabe.

1 Rechne. Kontrolliere mit der Umkehraufgabe.

a) $480 : 8 = \underline{\hspace{1cm}}$ $320 : 4 = \underline{\hspace{1cm}}$ $450 : 9 = \underline{\hspace{1cm}}$

P: $\underline{\hspace{1cm}} \cdot \underline{8} = \underline{\hspace{1cm}}$ P: $\underline{\hspace{1cm}} \cdot \underline{\hspace{1cm}} = \underline{\hspace{1cm}}$ P: $\underline{\hspace{1cm}} \cdot \underline{\hspace{1cm}} = \underline{\hspace{1cm}}$

b) $720 : 80 = \underline{\hspace{1cm}}$ $240 : 30 = \underline{\hspace{1cm}}$ $490 : 70 = \underline{\hspace{1cm}}$

P: $\underline{\hspace{1cm}} \cdot \underline{\hspace{1cm}} = \underline{\hspace{1cm}}$ P: $\underline{\hspace{1cm}} \cdot \underline{\hspace{1cm}} = \underline{\hspace{1cm}}$ P: $\underline{\hspace{1cm}} \cdot \underline{\hspace{1cm}} = \underline{\hspace{1cm}}$

2 Richtig ✓ oder falsch f ? Kontrolliere mit der Probe.

a) $160 : 8 = 20$ ✓ $250 : 5 = \cancel{5}50$ f $810 : 9 = 90$ ☐

P: $\underline{20 \cdot 8 = 160}$ P: $\underline{5 \cdot 5 = 25}$ P: $\underline{\hspace{2cm}}$

b) $360 : 90 = 4$ ☐ $630 : 70 = 9$ ☐ $90 : 3 = 30$ ☐

P: $\underline{\hspace{2cm}}$ P: $\underline{\hspace{2cm}}$ P: $\underline{\hspace{2cm}}$

c) $400 : 8 = 50$ ☐ $60 : 20 = 4$ ☐ $540 : 9 = 60$ ☐

P: $\underline{\hspace{2cm}}$ P: $\underline{\hspace{2cm}}$ P: $\underline{\hspace{2cm}}$

3 a)

:	3	30
120		
240		

:	6	60
240		
480		

:	40	4
160		
320		

:	50	5
250		
500		

b) Vergleiche die Ergebnisse in einer Tabelle. Was fällt dir auf?

Beschreibe mit den Begriffen Dividend, Divisor und Quotient.

$\underline{\hspace{16cm}}$

$\underline{\hspace{16cm}}$

Ergebnisse mit der Probe (Umkehraufgabe) kontrollieren.
❈ Wie verändert sich der Quotient, wenn der Divisor eine Zehnerzahl wird?

Ich kontrolliere mein Ergebnis der Aufgabe 480 : 8 = 60 mit der Umkehraufgabe 60 · 8.

5

Zehnereinmaleins

Vielfache

Alles Vielfache von 50 ...

Vielfache von 50

$1 \cdot 50 =$ **50**
$2 \cdot 50 =$ **100**
$3 \cdot 50 =$ **150**
$4 \cdot 50 =$ **200**
$5 \cdot 50 =$ **250**
$6 \cdot 50 =$ **300**
$7 \cdot 50 =$ **350**
...

! Ergebnisse einer Multiplikation mit 50 sind **Vielfache** von 50.

---

1 a) Multipliziere. Finde Vielfache von 20.

$1 \cdot 20 =$ _20_ $4 \cdot 20 =$ _____   ____ $\cdot$ ____ $=$ _____   Notiere Vielfache von 20:

$2 \cdot 20 =$ _____ $5 \cdot$ ____ $=$ _____   ____ $\cdot$ ____ $=$ _____   _20,_____

$3 \cdot 20 =$ _____   ____ $\cdot$ ____ $=$ _____   ____ $\cdot$ ____ $=$ _____   _____

b) Multipliziere. Finde Vielfache von 30.

____ $\cdot$ ____ $=$ _____   ____ $\cdot$ ____ $=$ _____   ____ $\cdot$ ____ $=$ _____   Notiere Vielfache von 30:

____ $\cdot$ ____ $=$ _____   ____ $\cdot$ ____ $=$ _____   ____ $\cdot$ ____ $=$ _____   _____

____ $\cdot$ ____ $=$ _____   ____ $\cdot$ ____ $=$ _____   ____ $\cdot$ ____ $=$ _____   _____

c) Multipliziere. Finde 10 Vielfache von 60.

---

2 Multipliziere. Finde 10 Vielfache von:

a) 9   b) 90   c) 7   d) 70   e) 4   f) 40

---

3 Male Vielfache von 2 rot, von 4 gelb und von 8 grün an.

Welche dieser Zahlen sind Vielfache von 2, 4 und 8? _____

Welche dieser Zahlen sind Vielfache von 2 und 4? _____

---

4 Finde den Fehler. Streiche jeweils die falsche Zahl durch.

a) Vielfache von 8: 16, 25, 48, 72, 88   b) Vielfache von 80: 80, 320, 420, 560, 800

c) Vielfache von 5: 10, 16, 35, 45, 50   d) Vielfache von 50: 150, 200, 260, 300, 400

Vielfache einer Zahl bestimmen.
Fehler finden.

Wenn ich eine beliebige Zahl mit 50 multipliziere, so erhalte ich als Ergebnis ein Vielfaches von 50.

Zehnereinmaleins

Teiler

Zur Zahl 15
gibt es 4 Teiler.

Teiler von 15

15 : **1** = 15

15 : **3** = 5

15 : **5** = 3

15 : **15** = 1

! Zahlen, die 15 ohne Rest teilen, sind **Teiler** von 15. Jede Zahl ist durch 1 und durch sich selbst teilbar.

1 a) Dividiere. Finde alle Teiler von 12.

12 : 1 = _12_   12 : ___ = ___   Notiere alle Teiler von 12:

12 : 2 = ___   12 : ___ = ___   1,_____

12 : 3 = ___   12 : 12 = ___   _____

Bei 12 : 5 bleibt ein Rest.
Also ist 5 kein Teiler von 12.

b) Dividiere. Finde alle Teiler von 18.

18 : ___ = ___   18 : ___ = ___   Notiere alle Teiler von 18:

18 : ___ = ___   18 : ___ = ___   _____

18 : ___ = ___   18 : ___ = ___   _____

c) Dividiere. Finde alle Teiler von 24.

2 Dividiere. Finde alle Teiler von:

a) 25   b) 40   c) 7   d) 14   e) 16   f) 13

3 Male Teiler von 12 rot, von 18 gelb und von 9 grün an.

 3    2   6   1   9   5   4   8

Welche dieser Zahlen sind Teiler von 12, 18 und 9? _____

Welche dieser Zahlen sind Teiler von 12 und 18? _____

4 Finde den Fehler. Streiche jeweils die falsche Zahl durch.

a) Teiler von 40: 5, 7, 10, 20, 40   b) Teiler von 20: 1, 3, 5, 10, 20

c) Teiler von 540: 6, 9, 60, 80, 90   d) Teiler von 120: 3, 40, 60, 90, 120

Teiler einer Zahl bestimmen.
Fehler finden.

9

Ich überlege, ob ich 12 durch 3 ohne Rest teilen kann. Es bleibt kein Rest. Also ist 3 ein Teiler von 12.

Zehnereinmaleins

1 a) 5 · 80 = _____   b) 30 · 9 = _____   c) 250 : 5 = _____   d) 300 : 50 = _____

4 · 90 = _____   50 · 3 = _____   420 : 6 = _____   140 : 20 = _____

7 · 70 = _____   40 · 7 = _____   360 : 9 = _____   240 : 30 = _____

6 · 60 = _____   20 · 0 = _____   210 : 7 = _____   80 : 20 = _____

🔑 0 4 5 6 7 8 30 40 50 70 150 270 280 360 360 400 490

2 Rechne. Kontrolliere mit der Umkehraufgabe.

a)   320 : 8 = _____   360 : 4 = _____   900 : 9 = _____

P: ____ · ____ = _____   P: ____ · ____ = _____   P: ____ · ____ = _____

b)   240 : 80 = _____   120 : 60 = _____   700 : 70 = _____

P: ____ · ____ = _____   P: ____ · ____ = _____   P: ____ · ____ = _____

3 a)

·	2	4
30		
40		

·	4	8
50		
60		

·	3	6
70		
80		

·	5	10
50		
60		

b)

:	2	20
60		
200		

:	1	10
70		
30		

:	9	90
270		
450		

:	7	70
350		
630		

4 a) Multipliziere. Finde jeweils 10 Vielfache von 50, 80 und 60.

b) Dividiere. Finde jeweils alle Teiler von 9, 11 und 36.

5

Mit Zehnerzahlen multiplizieren:

Eine Zehnerzahl nennen und würfeln.
Der Partner bildet aus Zehnerzahl und
Augenzahl eine Multiplikationsaufgabe
und löst sie.

Gespielt mit: _____

Multiplizieren mit Zehnerzahlen und Dividieren durch Zehnerzahlen üben.
Vielfache und Teiler bestimmen.

Zehnereinmaleins

1 a)

5	6	90	540
8	60	1	60
40	360	40	9
60	30	2	270
240	8	30	300

Hier haben sich 15 Divisionsaufgaben versteckt.

b)

200	640	80	8
50	90	2	40
4	40	160	10
3	360	8	400
120	6	20	140

a) 5 4 0 : 9 0 = 6

2

Meine Zahl hat die Teiler 1, 2, 4, 5, 10 und sich selbst. Vielfache meiner Zahl sind z. B. 40, 80 und 100.

Die Zahl heißt _____.

Wenn ich meine Zahl mit 4 multipliziere und dann halbiere, erhalte ich 80.

Die Zahl heißt _____.

Ich dividiere meine Zahl durch 30. Das Ergebnis multipliziere ich dann mit 7 und erhalte 56.

Die Zahl heißt _____.

_____

_____

_____

_____

Die Zahl heißt _____.

Divisionsgleichungen finden und notieren.
Zahlenrätsel lösen, erfinden und evtl. eine Tonaufnahme erstellen.

9

Halbschriftliche Multiplikation

die halbschriftliche Multiplikation

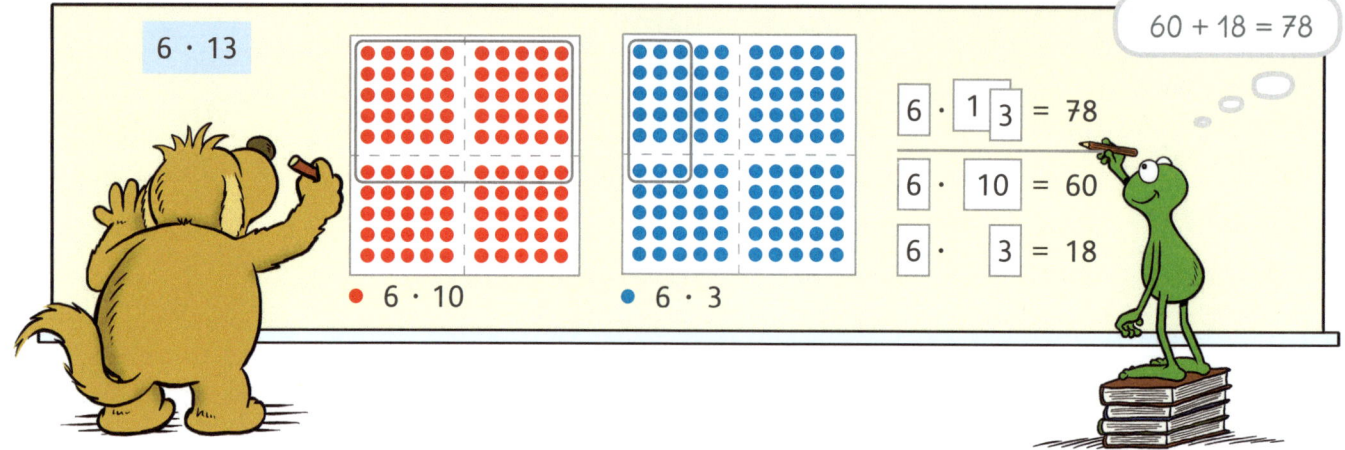

1 a) 6 · 15 = _____

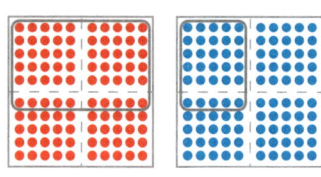

- 6 · 10 = ____
- 6 · 5 = ____

b) 8 · 12 = _____

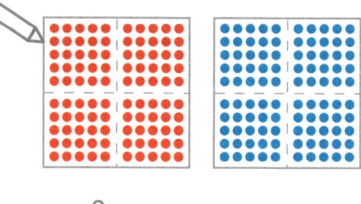

- 8 · ___ = ____
- ___ · ___ = ____

c) 4 · 17 = _____

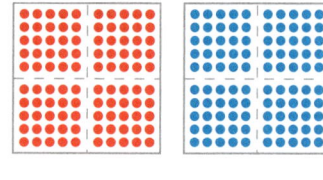

- 4 · ___ = ____
- ___ · ___ = ____

d) 7 · 13 = _____

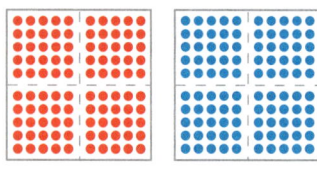

- ___ · ___ = ____
- ___ · ___ = ____

e) 5 · 14 = _____

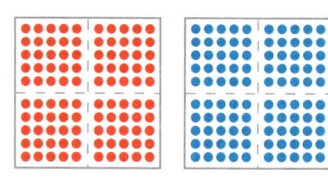

- ___ · ___ = ____
- ___ · ___ = ____

f) 3 · 19 = _____

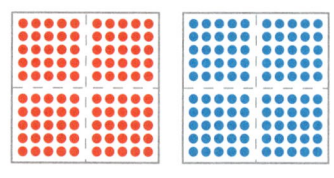

- ___ · ___ = ____
- ___ · ___ = ____

2 a) 6 · 1 4 = ____
6 · 10 = ____
6 · 4 = ____

b) 4 · 1 8 = ____
4 · 10 = ____
4 · ☐ = ____

c) 7 · 1 2 = ____
☐ · ☐ = ____
☐ · ☐ = ____

d) 3 · 1 7 = ____
☐ · ☐ = ____
☐ · ☐ = ____

e) 8 · 1 9 = ____
☐ · ☐ = ____
☐ · ☐ = ____

f) 5 · 1 6 = ____
☐ · ☐ = ____
☐ · ☐ = ____

⚷ 51 72 80 84 84 86 152

Halbschriftliche Multiplikation in Hunderterfeldern und mit Zahlenkarten darstellen und lösen.

Ich zerlege den 2-stelligen Faktor in Zehner und Einer. Ich multipliziere erst mit den Zehnern und dann mit den Einern.

Halbschriftliche Multiplikation

1

$6 \cdot 24 =$ _____
$6 \cdot 20 =$ _____
☐ $\cdot$ ☐ $=$ _____

$4 \cdot 58 =$ _____
$4 \cdot$ ☐ $=$ _____
☐ $\cdot$ ☐ $=$ _____

$7 \cdot 22 =$ _____
☐ $\cdot$ ☐ $=$ _____
☐ $\cdot$ ☐ $=$ _____

$3 \cdot 47 =$ _____
☐ $\cdot$ ☐ $=$ _____
☐ $\cdot$ ☐ $=$ _____

$8 \cdot 31 =$ _____
☐ $\cdot$ ☐ $=$ _____
☐ $\cdot$ ☐ $=$ _____

$5 \cdot 76 =$ _____
☐ $\cdot$ ☐ $=$ _____
☐ $\cdot$ ☐ $=$ _____

🔑 141 144 154 232 248 372 380

2 a)
$3 \cdot 45 =$
$3 \cdot 40 =$
$3 \cdot 5 =$

$6 \cdot 39 =$

$9 \cdot 86 =$

b) $8 \cdot 77 =$

$9 \cdot 14 =$

$2 \cdot 53 =$

c) $61 \cdot 4 =$

$28 \cdot 7 =$

$92 \cdot 5 =$

🔑 106 126 135 196 234 244 460 616 760 774

3

S. 11, Nr. 3

a) $5 \cdot 35 =$
$5 \cdot 30 =$
$5 \cdot 5 =$

a) $5 \cdot 35$
$9 \cdot 55$
$3 \cdot 42$
$4 \cdot 23$
$0 \cdot 44$

b) $75 \cdot 2$
$91 \cdot 3$
$33 \cdot 4$
$34 \cdot 8$
$84 \cdot 9$

c) $4 \cdot 29$
$7 \cdot 49$
$5 \cdot 37$
$8 \cdot 28$
$6 \cdot 45$

🔑 0 92 116 126 132 150 175 185 224 270 272 273 343 495 745 756

4 In der Mühlen-Grundschule trinken diese Woche an jedem Schultag 47 Kinder eine Flasche Kakao und 28 Kinder eine Flasche Milch.

Frage: Wie viele leere Flaschen werden am Freitag abgeholt?

Lösungsweg:

Antwort: _____

Halbschriftliche Multiplikation mit einem Faktor größer als 20 üben.

Ich zerlege den 2-stelligen Faktor in Zehner und Einer und multipliziere in 2 Schritten.

Halbschriftliche Multiplikation

Malkreuz

4 · 26

·	20	6	
4	80	24	**104**

26 · 4

·	4
20	80
6	24
	104

80 + 24 = 104
4 · 26 = 104

Aufgabe und Tauschaufgabe haben das gleiche Ergebnis.

1 a) 6 · 24 = _____

·	20	4	
6	120		

7 · 35 = _____

·	30	5	
7			

4 · 18 = _____

·	10	8	
4			

b) 5 · 37 = _____

·			

8 · 23 = _____

·			

6 · 42 = _____

·			

2 a) 37 · 4 = _____

·	4	
30	120	
7		

58 · 3 = _____

·	3	
50		
8		

22 · 8 = _____

·	8	
20		
2		

15 · 6 = _____

·	6	
10		
5		

b) 28 · 2 = _____

·		

32 · 7 = _____

·		

27 · 5 = _____

·		

59 · 4 = _____

·		

3 Welche Aufgabe rechnest du? Kreise ein. Zeichne das Malkreuz in dein Heft.

a) 53 · 8 oder 8 · 53

b) 34 · 7 oder 7 · 34

c) 25 · 9 oder 9 · 25

d) 62 · 4 oder 4 · 62

e) 29 · 3 oder 3 · 29

f) 37 · 8 oder 8 · 37

Das Malkreuz kennenlernen.
Multiplikationsaufgaben halbschriftlich in Tabellen lösen.

Bei der Multiplikation haben Aufgabe und Tauschaufgabe das gleiche Ergebnis.

Halbschriftliche Multiplikation

1 a)

6 · 2 7 =			
6 · 2 0 =			
6 · 7 =			

7 · 6 6 =			

3 · 2 8 =			

b)   3 · 47 = _____

·	40	7	
3			

4 · 37 = _____

·			

8 · 52 = _____

·			

 84   141   148   162   398   416   462

2 Entscheide, wie du deinen Rechenweg aufschreibst.

a)   8 · 35 = _____   b)   54 · 3 = _____   c)   7 · 47 = _____

d)   6 · 43 = _____   e)   62 · 0 = _____   f)   ____ · ____ = _____

 0   162   240   258   280   329

3 a)   Rechne im Heft und trage hier die Ergebnisse ein.

4 · 26 = _____   7 · 32 = _____   6 · 54 = _____   3 · 64 = _____

6 · 24 = _____   2 · 37 = _____   4 · 56 = _____   4 · 63 = _____

5 · 18 = _____   2 · 76 = _____   8 · 27 = _____   4 · 45 = _____

8 · 15 = _____   6 · ____ = _____   7 · ____ = _____   5 · ____ = _____

 b)   Markiere bei den Ergebnissen die Einer. Was fällt dir auf?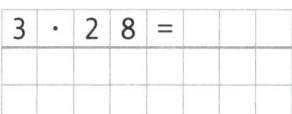

_____

_____

 c)   Begründe deine Beobachtung.

_____

_____

_____

Halbschriftliche Multiplikation üben.
Zusammenhänge erkennen und versprachlichen.
Was fällt dir auf?

Im Malkreuz zerlege ich den 2-stelligen
Faktor in Zehner und Einer.

13

Halbschriftliche Multiplikation

1 Klecksaufgaben: Trage die richtigen Ziffern ein.

a)
8	·		=	
	·	2 0	=	
8	·		=	3 2

b)
	·	7 7	=	
	·	7 0	=	3 5 0
	·		=	3 5

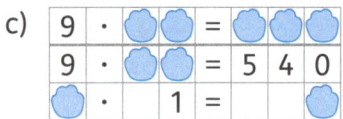

c)
9	·		=	
9	·		=	5 4 0
	·	1	=	

d)
	·	8 9	=	
	·		=	1 6 0
	·		=	

Oh!

2 Finde die Fehler. Markiere sie. Notiere richtig.

a) 4 · 56 = 220
    4 · 50 = 200
    4 · 6 = 20

b) 7 · 28 = 176
    7 · 20 = 120
    7 · 8 = 56

c) 6 · 39 = 198
    6 · 30 = 180
    6 · 3 = 18

3 Finde die Fehler. Markiere sie. Notiere richtig.

a) 3 · 68 = 214

·	60	8	
3	180	24	214

·			

b) 8 · 26 = 496

·	60	2	
8	480	16	496

·			

4 Entscheide: Im Kopf 😊 oder halbschriftlich ✏?

47 · 3 = _____ ☐   8 · 52 = _____ ☐   4 · 43 = _____ ☐   34 · 7 = _____ ☐

52 · 4 = _____ ☐   2 · 96 = _____ ☐   5 · 26 = _____ ☐   30 · 5 = _____ ☐

23 · 5 = _____ ☐   4 · 87 = _____ ☐   9 · 70 = _____ ☐   81 · 4 = _____ ☐

30 · 9 = _____ ☐   0 · 37 = _____ ☐   3 · 14 = _____ ☐   41 · 6 = _____ ☐

🔑 0 42 115 130 141 150 172 192 208 220 238 246 270 324 348 416 630

Klecksaufgaben kennenlernen und lösen.
Fehler finden und korrigieren.
Entscheiden, ob im Kopf oder halbschriftlich gerechnet wird.

10

Ist ein Faktor ein glatter Zehner, rechne ich im Kopf.

Halbschriftliche Multiplikation

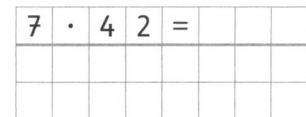

1

4 · 7 4 =			

5 · 9 5 =			

7 · 4 2 =			

🔑 294   296   475   485

---

2 Entscheide, wie du deinen Rechenweg aufschreibst.

a) 3 · 88 = _____

b) 37 · 5 = _____

c) 9 · 76 = _____

d) 8 · 49 = _____

e) 63 · 6 = _____

f) ____ · ____ = _____

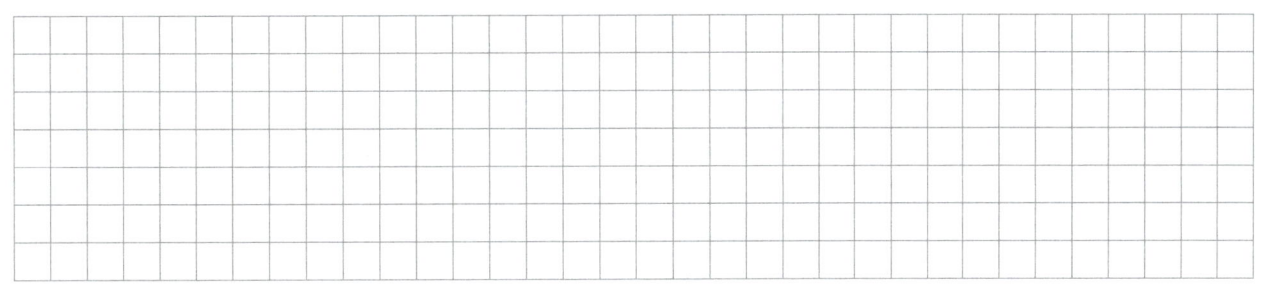

🔑 185   264   378   392   420   684

---

3 Klecksaufgaben: Trage die richtigen Ziffern ein.

a)
| 4 · 🌸🌸 = 🌸🌸🌸 |
| 4 · 🌸🌸 = 3 6 0 |
| 🌸 · 3 = 🌸🌸 |

b)
| 🌸 · 8 7 = 🌸🌸🌸 |
| 🌸 · 8 0 = 4 8 0 |
| 🌸 · 🌸 = 4 2 |

c)
| 3 · 🌸🌸 = 🌸🌸 |
| 3 · 🌸🌸 = 6 0 |
| 🌸 · 6 = 🌸🌸 |

---

4 Entscheide: Im Kopf 😊 oder halbschriftlich ✏️?

20 · 5 = _____ ☐   4 · 80 = _____ ☐   33 · 8 = _____ ☐   76 · 1 = _____ ☐

0 · 56 = _____ ☐   6 · 54 = _____ ☐   60 · 7 = _____ ☐   9 · 30 = _____ ☐

61 · 3 = _____ ☐   2 · 12 = _____ ☐   19 · 2 = _____ ☐   21 · 8 = _____ ☐

🔑 0   24   38   76   100   168   183   264   270   280   320   324   420

5

Mit einem kleineren Ergebnis gewinnen:

Mit 3 Würfeln würfeln. Jeder bildet aus den Augenzahlen eine 2-stellige Zahl und multipliziert sie mit der 3. Zahl. Wer das kleinere Ergebnis hat, gewinnt.

Gespielt mit: _____

Halbschriftliche Division

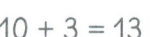
die halbschriftliche Division

| 1 · 8 = 8 |
| 2 · 8 = 16 |
| 3 · 8 = 24 |
| 4 · 8 = 32 |
| 5 · 8 = 40 |
| 6 · 8 = 48 |
| 7 · 8 = 56 |
| 8 · 8 = 64 |
| 9 · 8 = 72 |
| 10 · 8 = 80 |

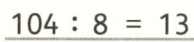
104 : 8

104 zerlege ich so, dass ich gut durch 8 teilen kann.

104 : 8 = 13
80 : 8 = 10
24 : 8 = 3

10 + 3 = 13

1 a)

| 45 : 3 = ___ |
| 30 : 3 = 10 |
| 15 : 3 = ___ |

| 78 : 6 = ___ |
| 60 : 6 = ___ |
| 18 : 6 = ___ |

b)

| 60 : 5 = ___ |
| 50 : 5 = ___ |
| ___ : 5 = ___ |

| 96 : 8 = ___ |
| 80 : 8 = ___ |
| ___ : 8 = ___ |

Ich versuche es immer zuerst mit dem Zehnfachen.

🔑 12 12 13 14 15

2 a)

| 7 2 : 4 = |
| 4 0 : 4 = |
| 3 2 : 4 = |

| 3 8 : 2 = |
| : = |
| : = |

| 4 8 : 3 = |
| : = |
| : = |

b)

| 8 4 : 7 = |
| : = |
| : = |

| 6 4 : 4 = |
| : = |
| : = |

| 1 2 6 : 9 = |
| : = |
| : = |

c)

| 1 1 9 : 7 = |
| : = |
| : = |

| 1 4 4 : 8 = |
| : = |
| : = |

| 1 5 3 : 9 = |
| : = |
| : = |

d)

| 1 3 3 : 7 = |
| : = |
| : = |

| 1 2 0 : 8 = |
| : = |
| : = |

| 1 0 8 : 9 = |
| : = |
| : = |

🔑 12 12 13 14 15 16 16 17 17 18 18 19 19

3 a) 42 : 3 b) 48 : 4 c) 55 : 5 d) 72 : 6 e) 77 : 7 f) 88 : 8

45 : 3 68 : 4 65 : 5 84 : 6 91 : 7 120 : 8

51 : 3 76 : 4 80 : 5 96 : 6 126 : 7 152 : 8

🔑 11 11 11 12 12 13 13 14 14 15 15 16 16 17 17 18 18 19 19

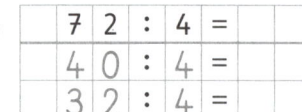

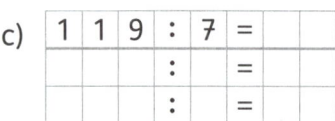

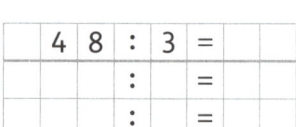

16

Die halbschriftliche Division kennenlernen.
Divisionsaufgaben halbschriftlich lösen.

Ich dividiere zuerst 80 durch 8 und dann den Rest 24 durch 8. Der Quotient heißt 13.

Halbschriftliche Division

Aufgaben kontrollieren

1 Rechne. Kontrolliere mit der Probe.

a)
56 : 4 = ____
40 : 4 = ____
16 : 4 = ____

P: ____ · 4 = ____
____ · 4 = ____
____ · 4 = ____

b)
80 : 5 = ____
50 : 5 = ____
____ : 5 = ____

P: ____ · 5 = ____
____ · 5 = ____
____ · 5 = ____

c)
91 : 7 = ____
70 : 7 = ____
____ : 7 = ____

P: ____ · 7 = ____
____ · 7 = ____
____ · 7 = ____

d)
5 4 : 3 =
3 0 : 3 =
____ : 3 =

P:
____ · 3 =
____ · =
____ · =

e)
1 1 4 : 6 =
____ : =
____ : =

P:
____ · 6 =
____ · =
____ · =

f)
1 1 7 : 9 =
____ : =
____ : =

P:
____ · 9 =
____ · =
____ · =

g)
1 1 2 : 7 =
____ : =
____ : =

P:
____ · =
____ · =
____ · =

h)
6 8 : 4 =
____ : =
____ : =

P:
____ · =
____ · =
____ · =

i)
1 2 6 : 9 =
____ : =
____ : =

P:
____ · =
____ · =
____ · =

2 Rechne. Kontrolliere mit der Probe.

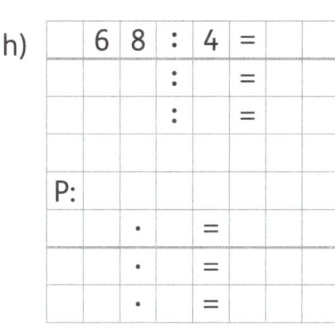
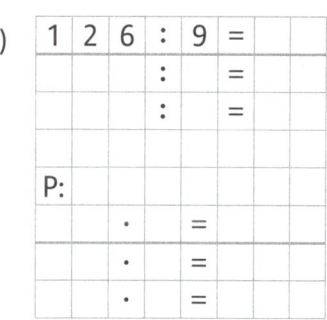

a) 32 : 2   b) 102 : 6   c) 75 : 5   d) 128 : 8   e) 38 : 2   f) 90 : 5

   57 : 3   99 : 9   120 : 8   51 : 3   72 : 4   105 : 7

Ergebnisse mit der Probe (Umkehraufgabe) kontrollieren.

Ich rechne die Probe, indem ich ... multipliziere.

Halbschriftliche Division

Ich kann zuerst 120 : 6 rechnen.

156 : 6

20 + 6 = 26

10 · 6 =   60
20 · 6 = 120
30 · 6 = 180
40 · 6 = 240
50 · 6 = 300

156 : 6 = 26
120 : 6 = 20
 36 : 6 = 6

1 a)

10 · 4 = _____
20 · 4 = _____
30 · 4 = _____
40 · 4 = _____
50 · 4 = _____
60 · 4 = _____
70 · 4 = _____

144 : 4 = _____
120 : 4 = _____
____ : 4 = _____

168 : 4 = _____
____ : 4 = _____
____ : 4 = _____

220 : 4 = _____
____ : 4 = _____
____ : 4 = _____

208 : 4 = _____
____ : 4 = _____
____ : 4 = _____

260 : 4 = _____
____ : 4 = _____
____ : 4 = _____

108 : 4 = _____
____ : 4 = _____
____ : 4 = _____

b)

10 · 7 = _____
20 · 7 = _____
30 · 7 = _____
40 · 7 = _____
50 · 7 = _____
60 · 7 = _____
70 · 7 = _____

301 : 7 = _____
____ : 7 = _____
____ : 7 = _____

448 : 7 = _____
____ : 7 = _____
____ : 7 = _____

497 : 7 = _____
____ : 7 = _____
____ : 7 = _____

371 : 7 = _____
____ : 7 = _____
____ : 7 = _____

343 : 7 = _____
____ : 7 = _____
____ : 7 = _____

224 : 7 = _____
____ : 7 = _____
____ : 7 = _____

2 a) 210 : 6   b) 336 : 8   c) 175 : 7

   288 : 3   235 : 5   168 : 3

Denke an das Zehnereinmaleins!

25 35 42 47 56 84 96

3 Rechne im Kopf. Kreuze die leichte Aufgabe an und rechne sie zuerst.

a) 177 : 3 = ____ ☐
   180 : 3 = ____ ☐
   183 : 3 = ____ ☐

b) 240 : 8 = ____ ☐
   232 : 8 = ____ ☐
   248 : 8 = ____ ☐

c) 306 : 6 = ____ ☐
   294 : 6 = ____ ☐
   300 : 6 = ____ ☐

Halbschriftliche Divisionsaufgaben
mit Ergebnissen größer als 20 lösen.
Einfache Divisionsaufgabe finden und zuerst lösen.

Ich denke zuerst an das Zehnereinmaleins.
Dann löse ich die Aufgabe …
Danach dividiere ich …

Halbschriftliche Division

1 Froschaufgaben mit Pfiff

a)
```
180 : 6 = _____
204 : 6 = _____
228 : 6 = _____
_____
_____
```

Dividend immer +24
Divisor immer _____
Quotient immer _____

b)
```
80 : 4 = _____
88 : 4 = _____
96 : 4 = _____
_____
_____
```

Dividend immer _____
Divisor immer _____
Quotient immer _____

c)
```
350 : 5 = _____
335 : 5 = _____
320 : 5 = _____
_____
_____
```

Dividend immer _____
Divisor immer _____
Quotient immer _____

2

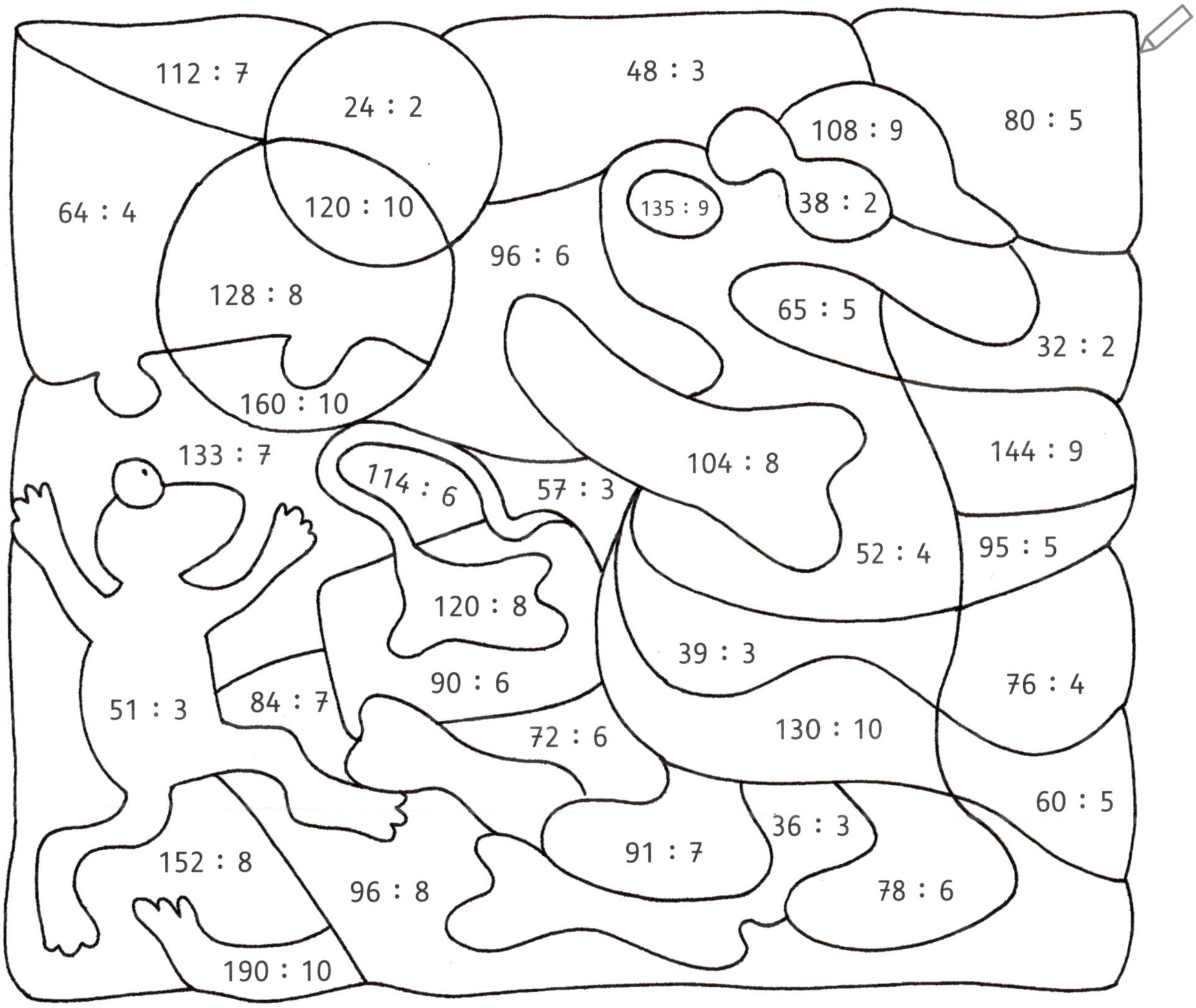

112 : 7

24 : 2

48 : 3

108 : 9

80 : 5

64 : 4

120 : 10

135 : 9

38 : 2

96 : 6

65 : 5

32 : 2

128 : 8

160 : 10

133 : 7

144 : 9

114 : 6

57 : 3

104 : 8

52 : 4

95 : 5

120 : 8

39 : 3

76 : 4

51 : 3

84 : 7

90 : 6

72 : 6

130 : 10

60 : 5

152 : 8

96 : 8

91 : 7

36 : 3

78 : 6

190 : 10

 12   13   15   16   17   19

Froschaufgaben lösen und evtl. eine Tonaufnahme erstellen.
Divisionsaufgaben üben.
MK Algorithmen erkennen 1

Wenn der Dividend größer wird und der Divisor gleich bleibt, dann wird der Quotient auch größer.

Halbschriftliche Division

Teilbarkeitsregeln

die Teilbarkeitsregel
teilbar

1

210 ist durch 2, 5 und 10 teilbar. Wie ist es mit 66?

durch 2 teilbar	durch 5 teilbar	durch 10 teilbar
210	210	210

66 ist durch 2 teilbar.

210   35   870   66

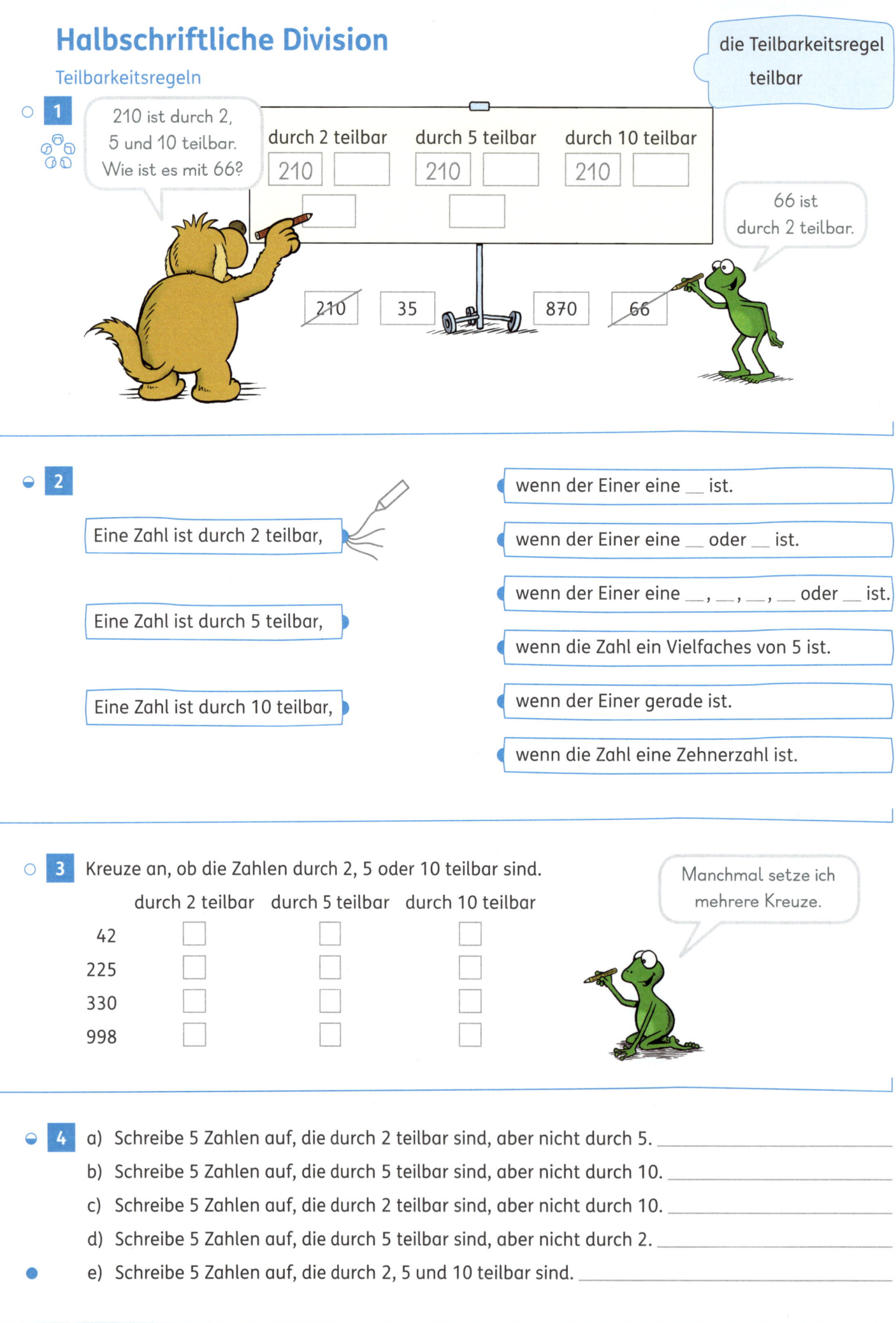

2

Eine Zahl ist durch 2 teilbar,

Eine Zahl ist durch 5 teilbar,

Eine Zahl ist durch 10 teilbar,

wenn der Einer eine __ ist.

wenn der Einer eine __ oder __ ist.

wenn der Einer eine __, __, __, __ oder __ ist.

wenn die Zahl ein Vielfaches von 5 ist.

wenn der Einer gerade ist.

wenn die Zahl eine Zehnerzahl ist.

3 Kreuze an, ob die Zahlen durch 2, 5 oder 10 teilbar sind.

Manchmal setze ich mehrere Kreuze.

	durch 2 teilbar	durch 5 teilbar	durch 10 teilbar
42	☐	☐	☐
225	☐	☐	☐
330	☐	☐	☐
998	☐	☐	☐

4
a) Schreibe 5 Zahlen auf, die durch 2 teilbar sind, aber nicht durch 5. _____

b) Schreibe 5 Zahlen auf, die durch 5 teilbar sind, aber nicht durch 10. _____

c) Schreibe 5 Zahlen auf, die durch 2 teilbar sind, aber nicht durch 10. _____

d) Schreibe 5 Zahlen auf, die durch 5 teilbar sind, aber nicht durch 2. _____

e) Schreibe 5 Zahlen auf, die durch 2, 5 und 10 teilbar sind. _____

Teilbarkeitsregeln durch 2, 5 und 10 kennenlernen und anwenden.
Ist die Zahl durch 2, 5 oder 10 teilbar?

Ich schaue zuerst auf den Einer. Ist der Einer eine ..., so ist die Zahl durch ... teilbar.

Halbschriftliche Division

Division mit Rest

49 : 4

49 : 4	=	12 R 1
40 : 4	=	10
9 : 4	=	2 R 1

Probe:

12 · 4	=	48
10 · 4	=	40
2 · 4	=	8
48 + 1	=	49

1 Mini und Max helfen beim Abpacken. Wie viele Schalen brauchen sie jeweils? Prüfe mit der Probe.

 a)
99 Äpfel

b)
38 Paprika

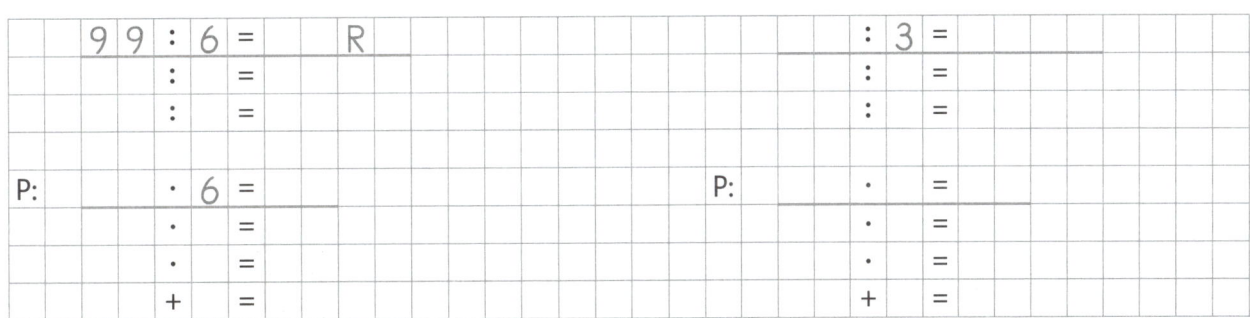

99 : 6 = R

: 3 =

P: · 6 =

P: · =

Antwort: _____

_____

Antwort: _____

_____

 c)
76 Birnen

d)
123 Tomaten

e)
94 Kiwis

f)
134 Pflaumen

2 a) 49 : 3   b) 67 : 5   c) 81 : 6   d) 97 : 8   e) 121 : 7   f) 142 : 8

    73 : 7   94 : 6   77 : 4   58 : 4   140 : 9   149 : 9

    88 : 7   44 : 3   74 : 5   55 : 4   125 : 8   112 : 6

🔑 10 R 3 11 R 4 12 R 1 12 R 4 13 R 2 13 R 3 13 R 3 14 R 2 14 R 2 14 R 4 15 R 4 15 R 5 15 R 5 16 R 1 16 R 5 17 R 2 17 R 6 18 R 4 19 R 1

11

Halbschriftliche Division mit Rest kennenlernen.
Aufgaben mit der Probe (Umkehraufgabe) kontrollieren.

Ich rechne 49 : 4, indem ich 40 : 4 = 10 und 9 : 4 = 2 R 1 rechne. Das Ergebnis lautet 49 : 4 = 12 R 1.

21

Halbschriftliche Division

1 a) 90 : 6   b) 135 : 9   c) 84 : 7   d) 57 : 3   e) 114 : 6   f) 33 : 3

      98 : 7   144 : 8   136 : 8   52 : 4   96 : 8   108 : 6

      64 : 4   126 : 9   144 : 9   75 : 5   171 : 9   112 : 7

      88 : 8   126 : 7   51 : 3   98 : 7   78 : 6   60 : 5

🔑 11 11 12 12 12 13 13 14 14 14 15 15 15 16 16 16 17 17 17 18 18 18 19 19 19

2 Rechne. Kontrolliere mit der Probe.

a) 1 6 2 : 9 =   b) 1 2 6 : 7 =   c) 1 0 2 : 6 =

P: P: P:

3 Kreuze an, ob die Zahlen durch 2, 5 oder 10 teilbar sind.

	durch 2 teilbar	durch 5 teilbar	durch 10 teilbar
a) 74	☐	☐	☐
105	☐	☐	☐
460	☐	☐	☐
b) 828	☐	☐	☐
955	☐	☐	☐
1 000	☐	☐	☐

4 a) 59 : 4   b) 56 : 5   c) 80 : 6   d) 101 : 7   e) 113 : 8   f) 97 : 9

      67 : 4   94 : 5   95 : 6   103 : 7   137 : 8   176 : 9

🔑 10 R 7 11 R 1 12 R 2 13 R 2 14 R 1 14 R 3 14 R 3 14 R 5 15 R 5 16 R 3 17 R 1 18 R 4 19 R 5

5

344 ist durch 2 teilbar.

Teilbarkeitsregeln trainieren:

3 Zahlenkarten ziehen und eine Zahl legen.
Der Partner sagt, ob die Zahl durch 2, 5
oder 10 teilbar ist.

Gespielt mit: _____

Halbschriftliche Division ohne und mit Rest üben.
Umkehraufgabe als Probe nutzen.
Teilbarkeitsregeln festigen.

Halbschriftliche Division

1 Löse die Aufgaben. Notiere immer Frage, Lösungsweg und Antwort.

 a) Die Drittklässler der Friedrich-Schiller-Grundschule möchten mit 77 Kindern und
   9 Erwachsenen Boote mieten. In jedem Boot ist Platz für 6 Personen.

 b) Sie überlegen, ob sie größere Boote nehmen. In jedem großen Boot ist Platz für
   8 Personen.

 c) Für wie viele Personen müssten die Boote Platz haben, damit in jedem Boot
   mindestens ein Erwachsener mit den Kindern mitfahren kann?

 d) 52 Kinder und 3 Erwachsene möchten lieber Tretboot fahren. In den Tretbooten ist
   immer Platz für 3 Personen.

 e) Der Bootsverleih hat 15 Tretboote.

2 Kreuze die richtige Antwort an.

 a) Für wie viele Personen müssten die Boote Platz haben, damit in jedem Boot mindestens
   3 Erwachsene mit den Kindern mitfahren können?

   ☐ 27 Personen ☐ 28 Personen ☐ 29 Personen

 b) 32 Kinder und 6 Erwachsene möchten lieber Paddelboot fahren. In den Paddelbooten ist
   immer Platz für 5 Personen. Wie viele Boote werden benötigt?

   ☐ 7 Boote ☐ 8 Boote ☐ 9 Boote

3 a) Finde Zahlen, die durch 25 teilbar sind. Formuliere eine Regel für die Teilbarkeit durch 25.

 b) Finde Zahlen, die durch 20 teilbar sind. Formuliere eine Regel für die Teilbarkeit durch 20.

 c) Finde Zahlen, die durch 50 teilbar sind. Formuliere eine Regel für die Teilbarkeit durch 50.

 d) Finde Zahlen, die durch 100 teilbar sind. Formuliere eine Regel für die Teilbarkeit durch 100.

Sachaufgaben mit Frage und Antwort lösen.
Teilbarkeitsregeln durch 25, 20, 50 und 100 finden und formulieren.
MK Informationsbewertung 2

23

Multiplikation und Division üben

Verdoppeln

das Doppelte

verdoppeln

Das Doppelte von 236 ist _____.

Wenn ich verdopple, multipliziere ich mit 2.

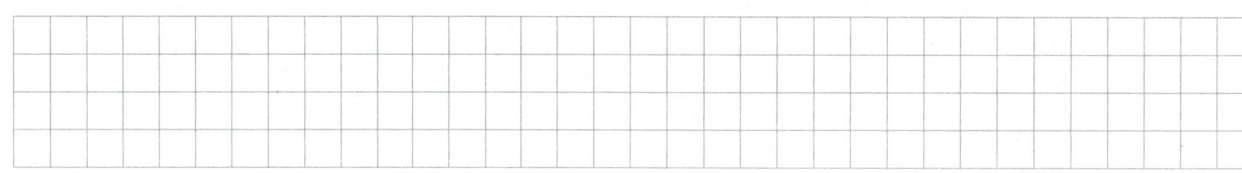

2	3	6	·	2	=	4	7	2
2	0	0	·	2	=	4	0	0
	3	0	·	2	=		6	0
		6	·	2	=		1	2

Ich verdopple nacheinander die Hunderter, die Zehner und die Einer.

---

1 Verdopple.

a) 254   b) 325   c) 483

2	5	4	·	2	=
2	0	0	·	2	=
	5	0	·	2	=
		4	·	2	=

d) 167   e) 294   f) 409

🔑 334   508   588   592   650   818   966

2

Zahl	150	152	340	346	210	213	480	484	390	395
das Doppelte										

🔑 300   304   420   426   564   680   692   780   790   960   968

---

3 a) Der Kölner Dom ist 157 m hoch. Der Eiffelturm in Paris ist ungefähr doppelt so hoch.

Frage: Wie hoch ist der Eiffelturm ungefähr?

Lösungsweg:

Antwort: _____

_____

b) Wie hoch ist der Eiffelturm genau? Recherchiere im Internet.

Große Zahlen verdoppeln.
Sachaufgabe lösen.
MK Informationsrecherche 3

Ich verdopple Hunderter, Zehner und Einer getrennt. Dann addiere ich die Zwischenergebnisse.

Multiplikation und Division üben

Halbieren

Wenn ich halbiere, dividiere ich durch 2.

Die Hälfte von 852 ist _____ .

8 5 2	: 2 =	4 2 6
8 0 0	: 2 =	4 0 0
5 0	: 2 =	2 5
2	: 2 =	1

Ich halbiere nacheinander die Hunderter, die Zehner und die Einer.

1 Halbiere.

a) 684   b) 728   c) 834

6 8 4	: 2 =	
6 0 0	: 2 =	
8 0	: 2 =	
4	: 2 =	

d) 366   e) 502   f) 938

🔑 183   251   342   364   417   459   469

2 a) Kreuze an, welche Zahlen sich halbieren lassen.

☐ 850   ☐ 853   ☐ 856   ☐ 480

☐ 487   ☐ 500   ☐ 590   ☐ 595

Ich kann eine Zahl halbieren, wenn _____ _____ _____ .

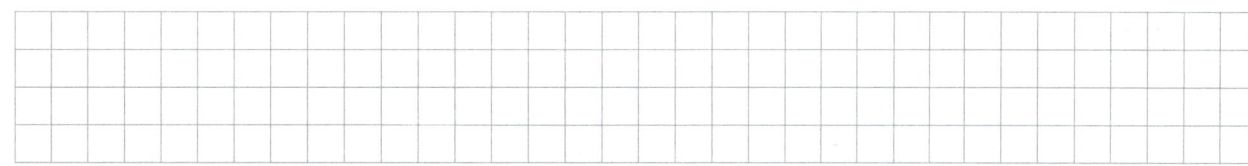

b) Ergänze Minis Regel und begründe sie. Präsentiere.

3 Frankfurt am Main ist die Stadt mit den meisten Hochhäusern in Deutschland. Das höchste Gebäude in Frankfurt ist der Europaturm. Er ist 338 m hoch. Der Opernturm ist etwa halb so hoch. Frage: Wie hoch ist der Opernturm ungefähr?

Lösungsweg:

Antwort: _____

Große Zahlen halbieren und Halbierungsregel präsentieren. Sachaufgabe lösen.
Woher weißt du, welche Zahl sich halbieren lässt?

Ich halbiere Hunderter, Zehner und Einer getrennt. Dann addiere ich die Zwischenergebnisse.

25

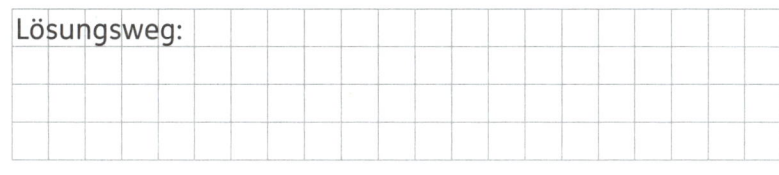

Multiplikation und Division üben

1 Löse die Zahlenrätsel. Trage auch deinen Lösungsweg ein.

 Meine Zahl ist das Doppelte von 324. $324 \cdot 2 = \boxed{}$ Die Zahl heißt _____.

 Meine Zahl ist die Hälfte von 966. $\boxed{} \rightarrow \boxed{}$ Die Zahl heißt _____.

 Meine Zahl ist das Zehnfache von 74. $\boxed{} \rightarrow \boxed{}$ Die Zahl heißt _____.

 Wenn ich meine Zahl halbiere, erhalte ich 448. $\boxed{} \rightarrow \boxed{}$ Die Zahl heißt _____.

 Ich dividiere meine Zahl durch 3 und erhalte 75. $\boxed{} \rightarrow \boxed{}$ Die Zahl heißt _____.

2 a) Immer · 5, : 10.

 40 — ◯ — ◯ — ◯ — ◯ — ◯ — 5

Immer : 5, · 10.

 100 — ◯ — ◯ — ◯ — ◯ — ◯ — 800

b) Immer · 3.

1 — ◯ — ◯ — ◯ — ◯ — ◯ — 729

Immer _____.

512 — ◯ — ◯ — 64 — 32 — ◯ — ◯

Zahlenrätsel lösen und evtl. eine Tonaufnahme erstellen. Zahlenfolgen ergänzen und präsentieren.

Wenn mir bei einem Zahlenrätsel das Ergebnis genannt wird, dann rechne ich die Umkehraufgabe.

Multiplikation und Division üben

1 Fahre auf und ab mit dem Fahrstuhl. Kontrolliere mit der Lösungszahl.

672

16 · 7 = _____
28 · 3 = _____
112 : 8 = _____
7 · 4 = _____
14 · 4 = _____
56 : 8 = _____
84 · 8 = _____

30

32 · 4 = _____
64 · 3 = _____
48 · 5 = _____
96 : 2 = _____
192 : 2 = _____
128 : 2 = _____
240 : 8 = _____

162

28 · 4 = _____
12 · 6 = _____
112 : 8 = _____
84 : 7 = _____
14 · 6 = _____
72 : 4 = _____
18 · 9 = _____

2 a) Minis Walnussbaum hat im vergangenen Jahr sehr gut getragen. Mini hat die Nüsse fleißig aufgesammelt und immer 45 Nüsse in ein Säckchen gefüllt. Jetzt verschenkt er 8 Säckchen und 4 Säckchen bleiben übrig.

Frage: _____

Lösungsweg:

Antwort: _____

b) Max hat ein Eichhörnchen im Garten beobachtet. Er meint, dass es 26 Tage lang täglich 9 Nüsse gefuttert und doppelt so viele versteckt hat.

3 a)

18 · 2 = _36_
18 · 4 = ____
18 · 6 = ____
_____
_____

23 · 1 = ____
23 · 3 = ____
23 · 5 = ____
_____
_____

19 · 10 = ____
19 · 8 = ____
19 · 6 = ____
_____
_____

b) Färbe bei 3a) gerade Zahlen rot und ungerade Zahlen blau. Ergänze dann die Sätze.

Gerade Zahl mal gerade Zahl ergibt eine _____ Zahl.

Ungerade Zahl mal ungerade Zahl ergibt eine _____ Zahl.

Ungerade Zahl mal gerade Zahl ergibt eine _____ Zahl.

Aufgaben zur halbschriftlichen Multiplikation und Division lösen. Froschaufgaben untersuchen.
MK Algorithmen erkennen **3**

12

Zu Aufgabe 2a habe ich verschiedene Fragen gefunden. Eine Frage heißt: Wie viele Nüsse verschenkt Mini?

27

Multiplikation und Division üben

1 a) Verdopple.

Zahl	450	455	130	139	290	299	370	372	480	488
das Doppelte										

b) Halbiere.

Zahl	100	104	650	656	450	456	780	784	990	998
die Hälfte										

2

15

56 : 4 = _____
49 : 7 = _____
105 : 7 = _____
98 : 2 = _____
7 · 30 = _____
14 · 7 = _____
210 : 2 = _____

90

49 · 2 = _____
14 · 6 = _____
98 : 7 = _____
126 : 7 = _____
84 : 2 = _____
18 · 5 = _____
42 · 3 = _____

70

18 · 4 = _____
16 · 7 = _____
12 · 8 = _____
112 : 8 = _____
96 : 6 = _____
14 · 5 = _____
72 : 6 = _____

3 Die kleine Hexe Wölkchen ist erst 98 Jahre alt. Ihr Rabe ist 3-mal so alt.

Frage: _____

Lösungsweg:

Antwort: _____

4

Die Zahl heißt 462.

Die Hälfte von 462 ist 231.

Verdoppeln oder halbieren:

Mit 3 Würfeln eine 3-stellige Zahl bilden und nennen.

Der Partner verdoppelt oder halbiert diese Zahl.

Gespielt mit: _____

Halbschriftliche Multiplikation und Division bis 1 000 üben.
Verdoppeln und halbieren.

Multiplikation und Division üben

1 Klecksaufgaben: Trage die richtigen Ziffern ein.

a)
○ 3 · ○ = ○○ 2	○○ · ○ = ○○ 0	○○ · ○ = ○○○
○○ · ○ = 2 0 0	7 0 · ○ = 5 6 0	○○ · 7 = 6 3 0
○ · ○ = 1 ○	5 · ○ = ○○	8 · ○ = 5 ○

4 · ○ = ○○○	3 ○ · ○ = ○○ 4	7 · 5 = ○ 3 ○
○○ · ○ = ○○○	○ 0 · ○ = ○○○	○○ · ○ = 1 0 0
9 · ○ = 5 4	6 ○ · ○ = 5 ○	○ · 5 = ○○

b)
1 6 ○ : ○ = ○○ R ○	1 ○ 3 : ○ = ○○ R ○	○ 1 7 : ○ = ○○ R ○
1 5 0 : ○ = 3 0	1 2 0 : ○ = 4 0	7 0 : ○ = 1 0
1 6 : ○ = ○ R ○	1 3 : ○ = ○ R ○	○○ : ○ = 6 R 5

○○○ : 8 = ○○ R ○	○○○ : 7 = ○○ R ○	1 3 8 : ○ = ○○ R ○
○○○ : 8 = 5 0	○○○ : ○ = 8 0	1 0 0 : ○ = 2 0
2 0 : ○ = ○ R ○	1 7 : ○ = ○ R ○	○○ : ○ = 7 R ○

2

Wenn ich meine Zahl mit 3 multipliziere und danach durch 2 teile, dann erhalte ich 27.

Die Zahl heißt _____ .

Wenn ich meine Zahl verdopple und danach mit 5 multipliziere, dann erhalte ich 500.

Die Zahl heißt _____ .

Wenn ich meine Zahl durch 5 dividiere und das Ergebnis halbiere, dann erhalte ich 49.

Die Zahl heißt _____ .

_____
_____
_____
_____

Die Zahl heißt _____ .

Klecksaufgaben lösen.
Zahlenrätsel lösen, erfinden und evtl. eine Tonaufnahme erstellen.

Sachrechnen

1 a) Die Fensterputzer kommen. Jede Glasscheibe muss geputzt werden.

Frage: Wie viele Glasscheiben müssen in diesem Klassenraum geputzt werden?

Lösungsweg:

Antwort: _____

b) Die Schule hat 9 gleiche Klassenräume.

Frage: _____

Lösungsweg:

Antwort: _____

2 Wie ist das an deiner Schule? Finde heraus, wie viele Scheiben es

ungefähr in deinem Schulgebäude gibt. Wie kannst du geschickt rechnen?

Das weiß ich:

Das muss ich herausfinden:

3 Löse die Aufgaben. Notiere immer Frage, Lösungsweg und Antwort.

a) Die Lehrerin verteilt in alle 26 Ablagefächer jeweils 8 Arbeitsblätter.

b) In jedem Ablagefach liegen 2 Deutschhefte und ein Matheheft.

c) 216 Elternbriefe werden an 9 Lehrer und Lehrerinnen für ihre Klassen verteilt.

d) 200 Schülerzeitungen werden an 8 Klassen verteilt.

Sachaufgaben zur Multiplikation und Division lösen.
MK Informationsrecherche 2

Ich habe herausgefunden, dass ...
Zu der Aufgabe passt die Frage ...

Sachrechnen

1 Meine Grundschule

Hallo, ich heiße Rachel und gehe in Hamburg zur Schule.

Meine Schule wurde _____1978_____ gebaut.

Zur Zeit besuchen _____ Schülerinnen und

Schüler die _____ Grundschule.

Jeden Morgen um _____ Uhr ist Schulbeginn.

Hier arbeiten _____ Lehrerinnen und Lehrer.

Ich gehe in die Ganztagsbetreuung und _____

holt mich heute um _____ Uhr ab.

Fülle den Lückentext mit den Satzbausteinen sinnvoll aus.

16.00	Mama	1978	Regenbogen	5.00	235

Mini und Max	1 000	8.00	2021	13.00	15

---

2 Notiere einen eigenen Lückentext und passende Satzbausteine über deine Schule.

Dein Partner füllt den Lückentext sinnvoll aus.

3

Die Wald-Grundschule besuchen 320 Kinder. Im neuen Schuljahr werden 720 Kinder eingeschult.

Hier stimmt etwas nicht.

Zur Klassenfeier der Klasse 3c kommen 756 Gäste. Sie bleiben bis 18.00 Uhr.

a) Markiere in den Texten jeweils eine Information, die nicht stimmen kann.

b) Verbessere die Informationen so, dass sie sinnvoll sind.

c) Formuliere zu jedem Text eine Frage.

Ergänze die Texte so, dass du jeweils etwas rechnen kannst.

---

4 Notiere einen Text über deine Schule, in dem einige Informationen nicht stimmen können.

Lass den Text überprüfen und verbessern.

Lückentext sinnvoll / realistisch ausfüllen. Angaben in Sachaufgaben auf Plausibilität prüfen und verbessern.
MK Informationsbewertung 3 4

Mit dem Satzbaustein ... ergänze ich den Satz sinnvoll. Diese Information ist nicht sinnvoll, weil ...

31

Sachrechnen

1 Mini und Max pflanzen Salat. Sie haben 95 Salatpflanzen. In eine Reihe passen 5 Pflanzen.

Frage: _____

_____

Lösungsweg:

Antwort: _____

_____

2 129 Blumenzwiebeln wurden im Herbst gleichmäßig auf 3 Beete verteilt.

Frage: _____

Lösungsweg:

Antwort: _____

3 In die anderen 4 Beete werden Kartoffeln gesetzt. Es gibt 143 Setzkartoffeln.

Frage: _____

Lösungsweg:

Antwort: _____

Hast du eine Idee für Mini? _____

> Was mache ich mit dem Rest?

4 a) 130 Kartoffelpflanzen sind gewachsen. Von jeder Pflanze kann man ungefähr 7 Kartoffeln ernten.

b) Zum Erntefest gibt es Kartoffelpuffer. Für 9 Stück braucht man ungefähr 15 Kartoffeln.
Wie viele Kartoffeln müssen für 90 Kartoffelpuffer geschält werden?

c) 468 Kartoffelpuffer werden an 6 Klassen verteilt.

5 Bis zur Ernte dieser Kartoffeln soll man 150 Tage warten.

In wie vielen Monaten können Mini und Max die Kartoffeln ernten?

Sachaufgaben zum Multiplizieren und Dividieren, auch mit Rest, lösen.

Es bleibt ein Rest von ...
Mit dem Rest könnte man ...

Sachrechnen
Überschlag

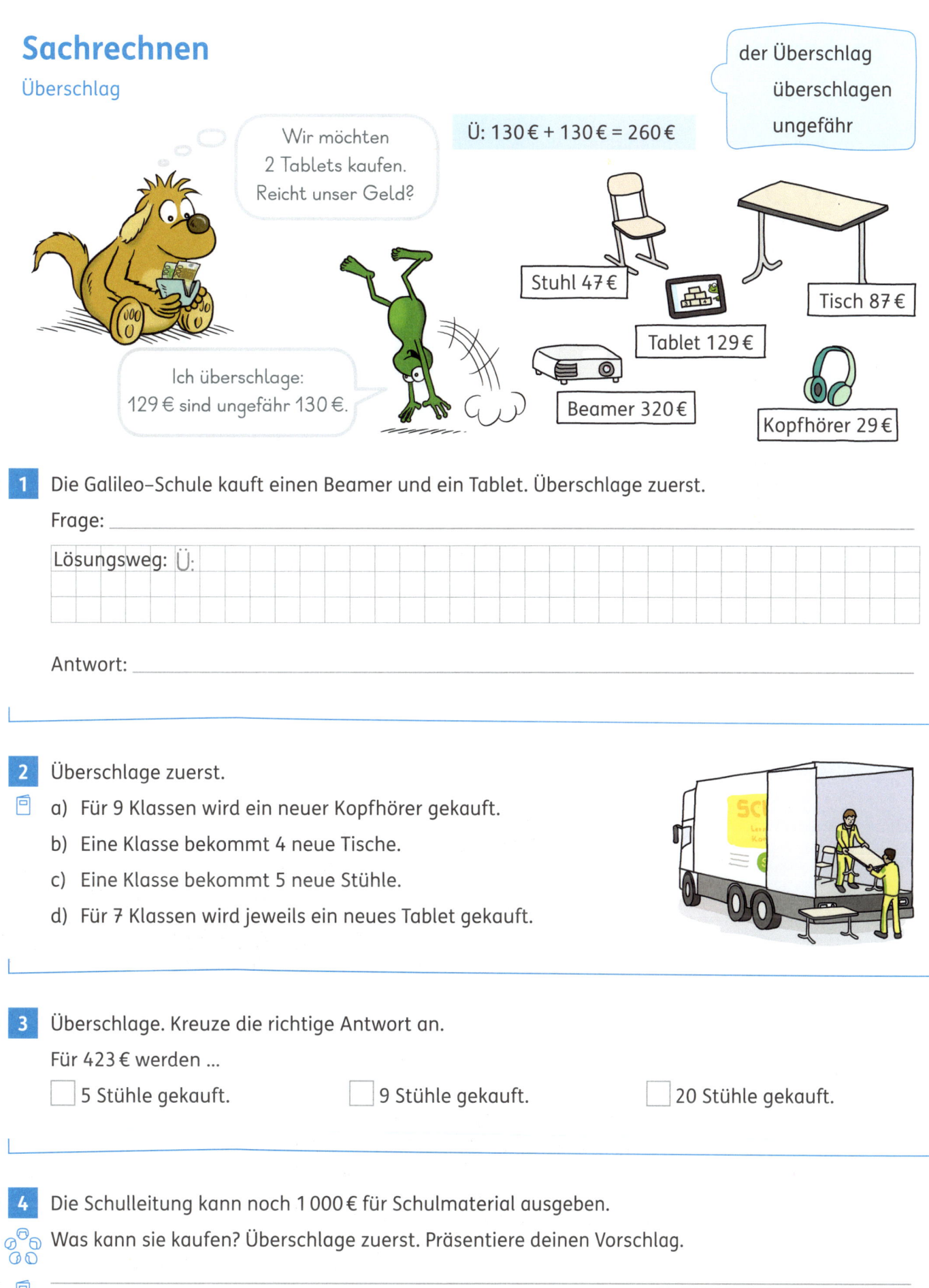

der Überschlag

überschlagen

ungefähr

Wir möchten 2 Tablets kaufen. Reicht unser Geld?

Ü: 130 € + 130 € = 260 €

Ich überschlage: 129 € sind ungefähr 130 €.

Stuhl 47 €

Tablet 129 €

Tisch 87 €

Beamer 320 €

Kopfhörer 29 €

1 Die Galileo–Schule kauft einen Beamer und ein Tablet. Überschlage zuerst.

Frage: _____

Lösungsweg: Ü:

Antwort: _____

2 Überschlage zuerst.

a) Für 9 Klassen wird ein neuer Kopfhörer gekauft.

b) Eine Klasse bekommt 4 neue Tische.

c) Eine Klasse bekommt 5 neue Stühle.

d) Für 7 Klassen wird jeweils ein neues Tablet gekauft.

3 Überschlage. Kreuze die richtige Antwort an.

Für 423 € werden ...

☐ 5 Stühle gekauft.   ☐ 9 Stühle gekauft.   ☐ 20 Stühle gekauft.

4 Die Schulleitung kann noch 1 000 € für Schulmaterial ausgeben.

Was kann sie kaufen? Überschlage zuerst. Präsentiere deinen Vorschlag.

_____

_____

_____

Summen durch Überschlag ermitteln.
Sachaufgaben mit Überschlag lösen. Ergebnisse präsentieren.
❀ Woher weißt du, dass die 1 000 € reichen?

Ich überschlage ...
Das sind ungefähr ...

33

Sachrechnen

Überschlag

1 a) Bilde einen passenden Überschlag.

623 + 271   521 + 332   288 + 109

Ü: 600 + 300 = _____   Ü:_____ = _____   Ü:_____ = _____

921 − 374   508 − 469   175 − 109

Ü:_____ = _____   Ü:_____ = _____   Ü:_____ = _____

b) Bilde einen Überschlag, der nah am Ergebnis liegt.

500 + 200
500 + 250
520 + 250

523 + 251   421 + 74   298 + 219

Ü: 520 + 250 = _____   Ü:_____ = _____   Ü:_____ = _____

499 − 342   308 − 79   365 − 117

Ü:_____ = _____   Ü:_____ = _____   Ü:_____ = _____

---

2 Welcher Überschlag kommt näher an das richtige Ergebnis? Markiere.

135 + 268	371 + 469	642 − 298	954 − 507
Ü: 150 + 300	Ü: 400 + 470	Ü: 650 − 300	Ü: 1 000 − 500
Ü: 140 + 250	Ü: 300 + 400	Ü: 640 − 300	Ü: 950 − 500

3

Kindergeburtstags-Special:

12 € pro Kind

Wir sind 9 Kinder.
Was bezahlen wir zusammen?

Überschlage und rechne anschließend genau.

a) 9 Kinder gehen ins Kino.   b) 5 Kinder gehen ins Kino.

4

Fahrkarte

Gruppentarif: 135 €

(max. 10 Personen)

BERGBAHN

Wir sind 5 Personen.
Wie viel bezahlt
jeder von uns?

Überschlage und rechne anschließend genau.

a) 5 Personen fahren mit der Bergbahn.   b) 9 Personen fahren mit der Bergbahn.

Überschlag zur Ergebnisabschätzung
bei Addition, Subtraktion,
Multiplikation und Division üben.

Ich überschlage ...
Dieser Überschlag ist näher am
Ergebnis, denn ...

Sachrechnen

1 Im Schulgarten wird geerntet. Das Obst und Gemüse wird an 8 Klassen verteilt.

a) Es werden 96 Äpfel gepflückt.

Frage: _____

Lösungsweg: Ü:

Antwort: _____

b) Es werden 386 Möhren geerntet.

Frage: _____

Lösungsweg: Ü:

Antwort: _____

2 Löse die Aufgaben. Überschlage zuerst.

a) Alle 96 Äpfel werden in 4 Stücke geteilt.
Wie viele Apfelstücke gibt es insgesamt?

b) Alle 386 Möhren werden halbiert.
Wie viele Möhrenstücke gibt es insgesamt?

c) Wie viele Apfelstücke bekommt jede Klasse?

d) Wie viele Möhrenstücke bekommt jede Klasse?

Es gibt 8 Klassen.

3 Es werden 105 Salat-
pflanzen in 5 Reihen
gesetzt. Überschlage.

Ich überschlage:
100 : 5 = 20.

Überschlagen üben:

Eine Karte ziehen und vorlesen.

Der Partner nennt den Überschlag.

Gespielt mit: _____

Sachaufgaben mit Überschlag zur Multiplikation und Division lösen.

Schriftliche Addition

Addition ohne Übertrag

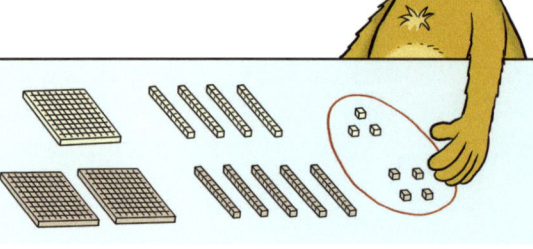

Ich addiere zuerst die Einer: 4 E + 3 E = 7 E.
Dann addiere ich die Zehner: 5 Z + 4 Z = 9 Z.
Danach addiere ich die Hunderter: 2 H + 1 H = 3 H.

die schriftliche Addition

schriftlich addieren

stellengerecht

Ich rechne von unten nach oben.

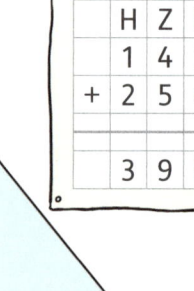

H	Z	E
1	4	3
+ 2	5	4
3	9	7

1

H	Z	E
3	8	5
+ 6	1	3
		8

H	Z	E
7	2	4
+ 1	7	4

H	Z	E
4	2	6
+ 2	4	2

H	Z	E
3	3	3
+ 6	5	6

H	Z	E
	7	8
+ 6	2	1

H	Z	E
1	0	7
+ 8	9	1

H	Z	E
7	7	0
+ 2	1	8

H	Z	E
6	6	9
+ 2	3	0

H	Z	E
7	1	8
+	6	1

H	Z	E
	9	6
+ 5	0	2

🔑 598 668 699 779 898 899 988 989 998 998 999

2 Schreibe stellengerecht untereinander. Addiere schriftlich.

547 + 222

H	Z	E
5	4	7
+ 2	2	2
		9

315 + 403

H	Z	E
+		

450 + 148

H	Z	E
+		

666 + 33

H	Z	E
+		

97 + 801

H	Z	E
+		

790 + 109

H	Z	E
+		

176 + 713

H	Z	E
+		

24 + 245

H	Z	E
+		

937 + 60

H	Z	E
+		

62 + 917

H	Z	E
+		

🔑 269 598 699 718 769 889 898 899 979 997 999

Schriftliches Verfahren der Addition
ohne Übertrag kennenlernen.

Ich addiere zuerst die Einer,
dann die Zehner, danach die Hunderter.
Die Summe ist …

Schriftliche Addition

Addition ohne Übertrag

1 Schreibe stellengerecht untereinander. Addiere schriftlich.

```
S. 37, Nr. 1
a)   H Z E
     7 5 3
   + 2 2 4
   _____
```

a) 753 + 224   b) 358 + 121   c) 76 + 712   d) 409 + 380

231 + 145   428 + 231   62 + 125   831 +   8

111 + 555   511 + 217   14 + 961   374 + 14

643 + 215   741 + 136   82 + 304   168 + 601

583 + 312   168 + 721   38 + 860   920 + 45

🔑 187 302 376 386 388 479 659 666 728 769 788 789 839 858 877 889 895 898 965 975 977

---

2 Klecksaufgaben: Trage die richtigen Ziffern ein.

```
    4 9 3          3 4 3              9 ⬤        9 0 0          7 2 ⬤
  + ⬤ 0 5        + 5 ⬤ 6          + ⬤ 0 0      +   8 ⬤        + 1 ⬤ 1
  _____        _____          _____      _____        _____
    5 9 8          8 8 9            8 9 9      ⬤ 8 2          8 2 9
```

```
    6 6 ⬤        ⬤ 3 9              9 0        7 ⬤ 7        ⬤ ⬤ ⬤
  + 3 ⬤ 3        +   3 ⬤        + ⬤ ⬤ ⬤      + ⬤ 1 ⬤      + 2 3 3
  _____        _____          _____      _____        _____
  ⬤ 9 9            7 ⬤ 9            8 9 5        9 8 9          7 7 9
```

---

3 Welche Aufgabe gehört zu welchem Ergebnis?

Verbinde. Überschlage zuerst. Addiere schriftlich, wenn nötig.

a) 435 + 63   389

258 + 201   498

77 + 312   459

b) 623 + 77   599

914 + 25   939

82 + 517   700

c) 112 + 687   799

234 + 343   577

567 + 132   699

d) 45 + 812   979

376 + 603   899

860 + 39   857

Schriftliches Verfahren der Addition ohne Übertrag üben.
Fehlende Ziffern in schriftlichen Additionen ergänzen.

Ich notiere Einer unter Einer, Zehner
unter Zehner, Hunderter unter Hunderter.
Ich beginne rechts bei den Einern.

37

Schriftliche Addition

Addition mit Übertrag

Ich addiere erst die Einer: 9 E + 6 E = 15 E.
Ich tausche 15 E in 1 Z und 5 E.
Ich notiere 5 E und übertrage 1 Z.

H	Z	E
	1	3	6
+	2	4	9
		1	
	3	8	5

1 Z + 4 Z + 3 Z = 8 Z

1

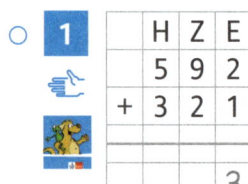

H	Z	E
5	9	2
+ 3	2	1
		3

H	Z	E
4	3	8
+ 3	4	5

H	Z	E
6	2	8
+ 2	6	7

H	Z	E
2	8	3
+ 5	3	4

H	Z	E
7	8	0
+		7	9

Achte auf die 0 im Ergebnis.

H	Z	E
9	4	7
+		4	5

H	Z	E
3	1	5
+ 4	9	8

H	Z	E
7	6	6
+ 1	2	4

H	Z	E
2	6	3
+ 5	0	7

483 770 783 813 817 859 890 895 913 992

2 Schreibe stellengerecht untereinander. Addiere schriftlich.

350 + 476

H	Z	E
3	5	0
+ 4	7	6
		6

809 + 167

H	Z	E
+		

53 + 254

H	Z	E
+		

695 + 38

H	Z	E
+		

749 + 102

H	Z	E
+		

305 + 298

H	Z	E
+		

413 + 547

H	Z	E
+		

87 + 854

H	Z	E
+		

666 + 38

H	Z	E
+		

879 + 102

H	Z	E
+		

307 422 603 704 733 826 851 941 960 976 981

Schriftliches Verfahren der Addition mit Übertrag kennenlernen.

Ich addiere erst die Einer:
9 E + 6 E = 15 E.
Ich tausche 15 E in 1 Z und 5 E.

Schriftliche Addition

1 Schreibe stellengerecht untereinander. Addiere schriftlich.

a) 722 + 108
746 + 127
204 + 736

b) 191 + 584
214 + 692
521 + 195

c) 472 + 338
398 + 299
269 + 351

d) 75 + 923
19 + 817
99 + 315

e) 24 + 966
80 + 498
95 + 886

414 578 620 697 699 716 775 810 830 836 873 906 940 981 990 998

2 a) Addiere immer die gleiche Zahl bis zur Zielzahl.

H	Z	E
	7	2
+	7	2
	1	
1	4	4

H	Z	E
1	4	4
+	7	2

Zielzahl erreicht: 720.

b) Starte mit 54. Addiere immer 54.

c) Betrachte die beiden Zielzahlen. Was fällt dir auf? Begründe.

_____

_____

3 Rechne im Kopf oder schriftlich.

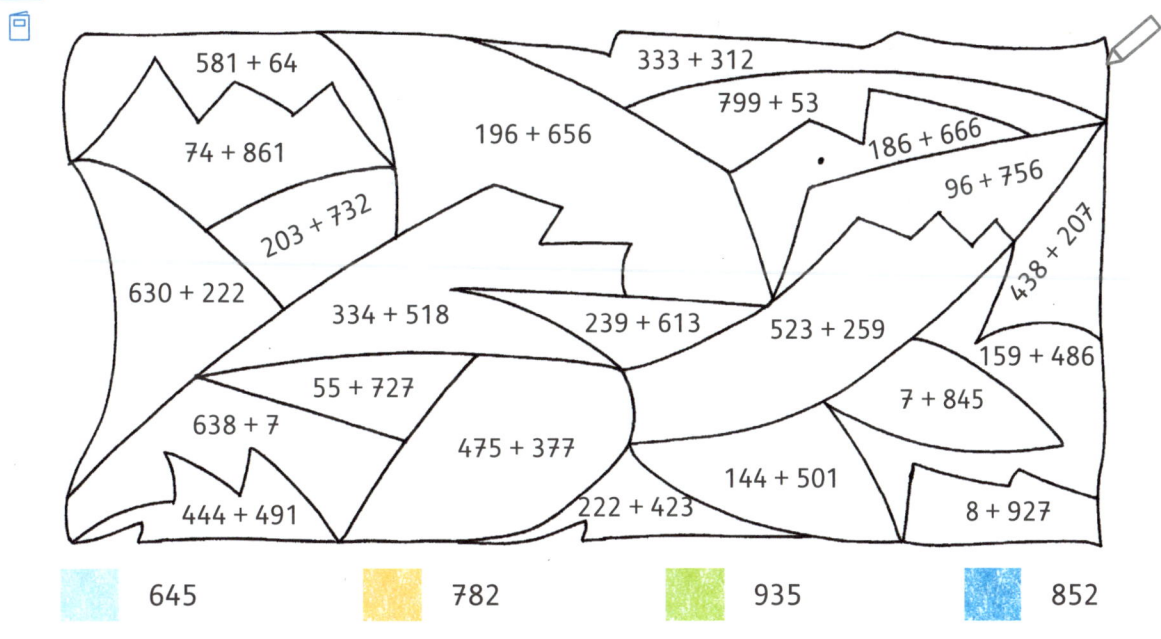

581 + 64
333 + 312
799 + 53
196 + 656
186 + 666
96 + 756
74 + 861
203 + 732
630 + 222
334 + 518
239 + 613
523 + 259
438 + 207
55 + 727
159 + 486
638 + 7
475 + 377
7 + 845
444 + 491
222 + 423
144 + 501
8 + 927

645   782   935   852

Schriftliches Verfahren der Addition
ohne und mit Übertrag üben.

Ich addiere 72 und 72.
Die Summe ist 144. Ich addiere zu 144
wieder 72. Die Summe ist ...

39

Schriftliche Addition

Das kann nicht stimmen!
Du hast die Zehner unter die Hunderter und die Einer unter die Zehner geschrieben.

1 Finde die Fehler. Markiere sie. Berichtige. Verbinde mit der passenden Wortkarte.

 Ü: 410 + 100 = 510 _____   Ü: _____   Ü: _____

```
  4 1 5        4 1 5
+   9 8      +   9 8
    1            1 1
  4 1 3        5 1 3
```

```
  2 4 7
+   1 9
    1
  4 3 7
```

```
  1 2 1
+ 7 7 8

  8 9 8
```

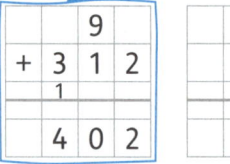 Übertrag falsch!

Falsch untereinander geschrieben!

Falsch addiert!

Ü: _____   Ü: _____   Ü: _____

```
      9
+ 3 1 2
    1
  4 0 2
```

```
  2 0 0
+   8 4

1 0 4 0
```

```
  5 1 3
+ 4 7 9

  9 8 2
```

2 Klecksaufgaben: Trage die richtigen Ziffern ein.

```
  1 6 7
+ ○ 0 5

  5 7 2
```

```
  3 9 2
+ 6 ○ 7

  9 9 9
```

```
  2 2 ○
+ 7 4 8

  9 ○ 0
```

```
  ○ ○ 9
+   9 8

  6 1 7
```

```
    ○ 6
+ 8 2 ○

  ○ 0 8
```

Fehler bei der schriftlichen Addition erkennen und berichtigen.
Fehlende Ziffern in schriftlichen Additionen ergänzen.
%° Welche Fehler hast du gefunden? Erkläre.

Ich überschlage zuerst: 410 + 100 = 510.
Ich erkenne, dass der Hunderter nicht stimmen kann.

Schriftliche Addition

1 Wähle 2 Zahlenkarten von oben. Addiere schriftlich.

a) Finde 5 Aufgaben mit einem Ergebnis zwischen 400 und 500.

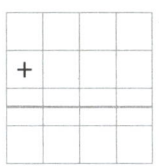 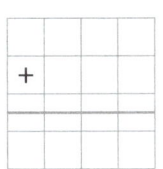 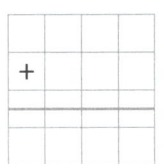 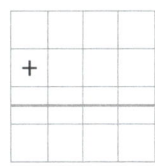 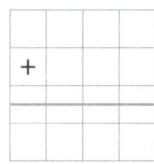

b) Finde 5 Aufgaben mit einem geraden Ergebnis.

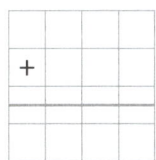 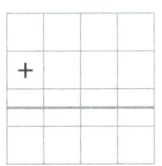 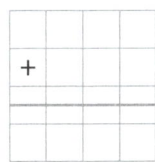 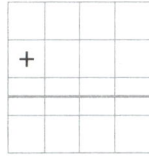 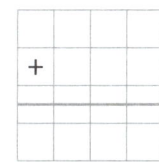

c) Finde 5 Aufgaben mit einem ungeraden Ergebnis.

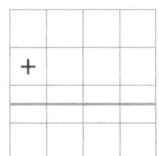 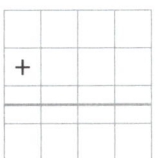 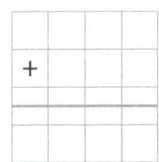 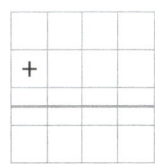 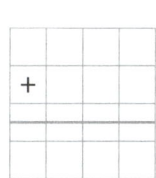

d) Finde das größte Ergebnis.   e) Finde das kleinste Ergebnis.   f) Finde das Ergebnis 430.

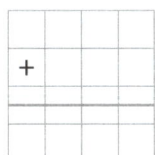 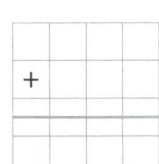 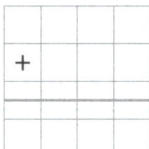

2 Bilde aus den 3 Ziffern 2, 4 und 6 alle möglichen 3-stelligen Zahlen.

_246_ _____ _____ _____ _____ _____

Addiere immer 2 der gefundenen Zahlen. Finde alle Aufgaben mit dem Ergebnis 888.

Schriftliche Addition

1 Rechne schriftlich oder im Kopf.

a)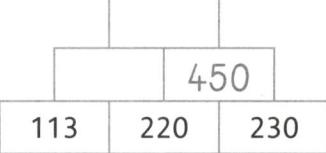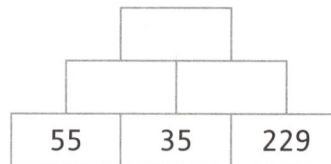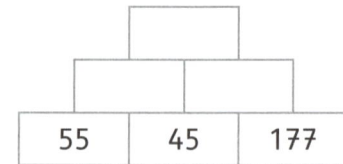

| 113 | 220 | 230 | | 55 | 35 | 229 | | 55 | 45 | 177 |

(450)

b)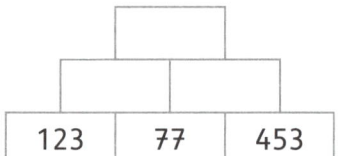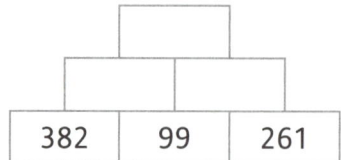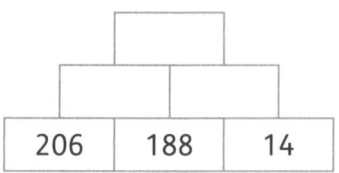

| 123 | 77 | 453 | | 382 | 99 | 261 | | 206 | 188 | 14 |

c) Vergleiche die Grund- und Zielsteine. Was stellst du fest?

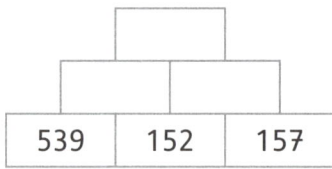 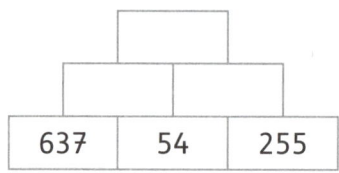 

| 539 | 152 | 157 | | 637 | 54 | 255 |

90 100 200 202 222 264 309 309 322 333 354 360 394 ~~450~~ 481 530 596 612 691 691 730 ~~783~~ 841 1000 1000

2 Baue Zahlenmauern.

> Ich beginne mit dem Zielstein.

a) 154

| 11 | 66 | ~~154~~ |
| 88 | 55 | ~~77~~ |

b)

| 765 | 323 | 330 |
| 112 | 435 | 218 |

c)

| 343 | 928 | 353 |
| 121 | 575 | 232 |

3 Klecksaufgaben: Trage die richtigen Ziffern ein.

```
   4 4 2          2 2 5            8 9          2 4 5          1 6 ●
 + ● 3 7        + 3 ● 6        + 4 1 ●        + 7 ● 1        + 8 1 8
 ───────        ───────        ───────        ───────        ───────
   5 7 9          5 6 1          5 0 1          ● 6 6          ● 8 6
```

```
     6 ●          2 ● 2          6 ● 8          3 9 1          6 ● 1
 + 5 ● 8        + ● 7 ●        + ● 1 ●        + ● ● ●        + 2 4 ●
 ───────        ───────        ───────        ───────        ───────
   ● 6 3          9 9 9          8 8 5          9 8 0          9 1 1
```

Schriftliches Verfahren der Addition an bekannten Aufgabenformaten üben. Ergebnisse präsentieren.

Beim Bauen von Zahlenmauern beginne ich mit dem Zielstein: 154 ist die Summe aus 88 und 66.

Schriftliche Addition

Ich addiere erst die Einer: 8 E + 7 E + 9 E = 24 E.
Ich tausche 24 E in 2 Z und 4 E.
Ich notiere 4 E und übertrage 2 Z.

$2 Z + 1 Z + 0 Z + 5 Z = 8 Z$

	H	Z	E
	4	5	9
+	2	0	7
+		1	8
	2		
	6	8	4

1

		1	1	1
+		3	2	4
+		5	6	3
				8

		1	0	2
+		3	4	0
+			8	2

		2	2	6
+		1	5	8
+		2	5	5

			6	3
+		3	2	9
+		3	7	1

98 + 207 + 27

278 + 278 + 412

123 + 66 + 723

305 + 8 + 89

72 + 856 + 72

647 + 199 + 148

287 + 648 + 18

494 + 94 + 49

332 402 524 556 637 639 763 912 953 968 994 998 1000

2

a) 273 + 144 + 159
    199 + 259 + 351
    141 + 515 + 82
    427 + 125 + 150
    319 + 162 + 416

b) 251 + 118 + 77
    194 + 271 + 98
    109 + 787 + 30
    269 + 614 + 5
    523 + 154 + 68

c) 346 + 63 + 218
    133 + 74 + 33
    583 + 232 + 76
    862 + 36 + 99
    204 + 86 + 651

240 446 563 576 627 701 702 738 745 809 888 891 897 926 941 997

14

Schriftliches Verfahren der Addition mit
3 Summanden kennenlernen und üben.

Ich addiere erst die Einer:
8 E + 7 E + 9 E = 24 E.
Ich tausche 24 E in 2 Z und 4 E.

43

Schriftliche Addition

1 Schreibe stellengerecht untereinander. Addiere schriftlich.

a) 324 + 243   112 + 87   153 + 436   261 + 618   397 + 502

$$\begin{array}{r} 3\ 2\ 4 \\ +\ 2\ 4\ 3 \\ \hline \end{array}$$

b) 655 + 246   177 + 725   90 + 818   9 + 988   779 + 190

🔑 199 514 567 589 879 899 901 902 908 969 997

2 Schreibe stellengerecht untereinander. Addiere schriftlich.

a) 444 + 202   b) 421 + 394   c) 374 + 126   d) 730 + 99   e) 36 + 743

315 + 161   683 + 124   498 + 109   557 + 88   55 + 888

104 + 263   347 + 228   555 + 176   532 + 67   75 + 913

🔑 367 476 500 510 575 599 607 645 646 731 779 807 815 829 943 988

3

337 + 572   85 + 458   236 + 307   198 + 711

467 + 271   662 + 76   325 + 8 + 76

444 + 77 + 22   666 + 6 + 66   103 + 559 + 247   117 + 243 + 49

409   738   543   909

4

Sich der 1 000 nähern:

Mit 3 Würfeln würfeln. Aus den Augenzahlen 3-stellige Zahlen bilden und addieren. Das Kind, dessen Summe näher an 1 000 liegt, erhält einen Punkt.

Gespielt mit: _____

Schriftliches Verfahren der Addition mit 2 und 3 Summanden üben.

44

Schriftliche Addition

1 Klecksaufgaben: Trage mögliche Ziffern ein.

Finde 10 verschiedene Lösungen.

	1	⬤	3
+	2	⬤	⬤
+	⬤	4	⬤
	1	0	0	0

	1	⬤	3
+	2	⬤	⬤
+	⬤	4	⬤
	1	0	0	0

	1	⬤	3
+	2	⬤	⬤
+	⬤	4	⬤
	1	0	0	0

	1	⬤	3
+	2	⬤	⬤
+	⬤	4	⬤
	1	0	0	0

	1	⬤	3
+	2	⬤	⬤
+	⬤	4	⬤
	1	0	0	0

	1	⬤	3
+	2	⬤	⬤
+	⬤	4	⬤
	1	0	0	0

	1	⬤	3
+	2	⬤	⬤
+	⬤	4	⬤
	1	0	0	0

	1	⬤	3
+	2	⬤	⬤
+	⬤	4	⬤
	1	0	0	0

	1	⬤	3
+	2	⬤	⬤
+	⬤	4	⬤
	1	0	0	0

	1	⬤	3
+	2	⬤	⬤
+	⬤	4	⬤
	1	0	0	0

2

Meine Zahl ist die Summe aus 323, 233 und 332.

Die Zahl heißt _____.

Der 1. Summand ist 467. Der 2. Summand ist um 15 kleiner als der 1. Summand.

Die Summe heißt _____.

Meine Zahl ist die Summe aus 197 und 319 und 268 und 216.

Die Zahl heißt _____.

Die Summe ist 753. Der 2. Summand ist um 131 größer als der 1. Summand.

Der 1. Summand heißt _____. Der 2. Summand heißt _____.

_____
_____
_____
_____

Die Zahl heißt _____.

Schriftliches Verfahren der Addition mit 3 Summanden üben.
Zahlenrätsel lösen, erfinden und evtl. eine Tonaufnahme erstellen.

45

Schriftliche Subtraktion

Subtraktion ohne Übertrag ☐ Wir rechnen mit dem **Abziehverfahren**.

Du subtrahierst erst die Einer: 3 E − 2 E = 1 E,
dann die Zehner: 8 Z − 5 Z = 3 Z,
danach die Hunderter: 4 H − 1 H = 3 H.

Ich ziehe ab.

H	Z	E
4	8	3
− 1	5	2
3	3	1

1

H	Z	E
9	7	2
− 6	5	1
		1

H	Z	E
6	3	8
− 1	2	6

H	Z	E
7	8	2
− 4	4	1

H	Z	E
8	5	6
− 3	2	5

H	Z	E
3	2	5
− 2	0	3

H	Z	E
5	8	6
− 3	1	2

H	Z	E
4	9	7
− 4	5	0

H	Z	E
9	5	8
− 3	0	4

H	Z	E
7	7	7
− 4	5	6

H	Z	E
4	5	9
−	1	9

🔑 47 122 274 321 321 341 440 512 531 645 654

2 Schreibe stellengerecht untereinander. Subtrahiere schriftlich.

642 − 521   839 − 137   398 − 168   192 − 41   256 − 242

918 − 807   569 − 64   488 − 108   772 − 61   695 − 202

🔑 14 111 121 151 207 230 380 493 505 702 711

Abziehverfahren der schriftlichen
Subtraktion ohne Übertrag kennenlernen.

Ich subtrahiere erst die Einer,
dann die Zehner, danach die Hunderter.
Die Differenz ist ...

Schriftliche Subtraktion

Subtraktion mit Übertrag

☐ Wir rechnen mit dem **Abziehverfahren**.

5 Z – 7 Z geht nicht.
Ich tausche einen H in 10 Z.
Jetzt habe ich 15 Z,
aber nur noch 2 H.
15 Z – 7 Z = 8 Z.

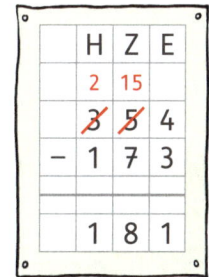
Ich tausche 1 H in 10 Z.

1

H	Z	E
	3	12
6	4̸	2̸
– 1	2	3
		9

H	Z	E
7	5	2
– 5	2	4

H	Z	E
4	6	1
– 1	2	6

H	Z	E
6	2	3
– 4	4	2

H	Z	E
7	0	2
– 3	2	1

H	Z	E
8	1	4
– 6	5	1

H	Z	E
5	4	0
–	2	3

H	Z	E
3	4	6
– 1	8	7

H	Z	E
4	4	1
–	5	3

H	Z	E
9	4	0
– 7	2	3

🔑 159   163   181   217   228   281   335   381   388   517   519

2 Schreibe stellengerecht untereinander. Subtrahiere schriftlich.

942 – 523

9	4̸	2̸
	3	12
– 5	2	3
		9

836 – 546

8	3	6
–		

694 – 206

491 – 89

917 – 456

864 – 468

741 – 36

378 – 279

910 – 704

537 – 158

🔑 99   206   290   379   396   402   419   461   488   675   705

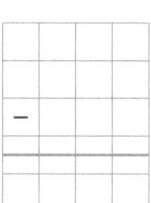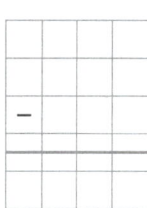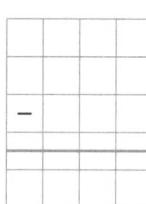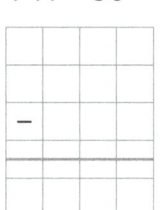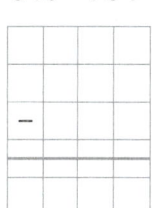

Abziehverfahren der schriftlichen
Subtraktion mit Übertrag kennenlernen.

Damit ich 7 Z von 5 Z subtrahieren
kann, muss ich 1 H in 10 Z tauschen.
Dann habe ich 15 Z – 7 Z = 8 Z.

Schriftliche Subtraktion

Subtraktion ohne Übertrag

☐ Wir rechnen mit dem **Ergänzungsverfahren**.

Du ergänzt von der kleineren Zahl unten zur größeren Zahl oben.

Ich ergänze zuerst die Einer: 2 E + 1 E = 3 E, dann die Zehner: 5 Z + 3 Z = 8 Z, danach die Hunderter: 1 H + 3 H = 4 H.

H	Z	E
4	8	3
− 1	5	2
3	3	1

1

H	Z	E
9	7	2
− 6	5	1
		1

H	Z	E
6	3	8
− 1	2	6

H	Z	E
7	8	2
− 4	4	1

H	Z	E
8	5	6
− 3	2	5

H	Z	E
3	2	5
− 2	0	3

H	Z	E
5	8	6
− 3	1	2

H	Z	E
4	9	7
− 4	5	0

H	Z	E
9	5	8
− 3	0	4

H	Z	E
7	7	7
− 4	5	6

H	Z	E
4	5	9
−	1	9

🗝 47   122   274   321   321   341   440   512   531   645   654

2   Schreibe stellengerecht untereinander. Subtrahiere schriftlich.

642 − 521   839 − 137   398 − 168   192 − 41   256 − 242

918 − 807   569 − 64   888 − 508   772 − 61   695 − 202

🗝 14   111   121   151   207   230   380   493   505   702   711

Ergänzungsverfahren der schriftlichen Subtraktion ohne Übertrag kennenlernen.

Ich ergänze von unten nach oben, zuerst bei den Einern, dann bei den Zehnern, danach bei den Hundertern.

Schriftliche Subtraktion

Subtraktion mit Übertrag · ☐ Wir rechnen mit dem **Ergänzungsverfahren**.

Von 7 Z kannst du nicht zu 5 Z ergänzen. Darum erweiterst du die obere Zahl um 10 Z und die untere Zahl um 1 H. Jetzt habe ich oben 15 Z und unten 2 H.

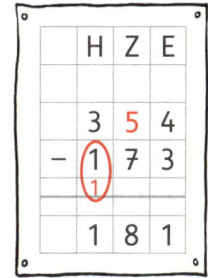

	H	Z	E
	3	5	4
−	1	7	3
	1		
	1	8	1

Also ergänze ich: 7 Z + 8 Z = 15 Z.

1

	H	Z	E
	6	4	2
−	1	2	3
		1	
			9

	H	Z	E
	7	5	2
−	5	2	4

	H	Z	E
	4	6	1
−	1	2	6

	H	Z	E
	6	2	3
−	4	4	2

	H	Z	E
	7	0	2
−	3	2	1

	H	Z	E
	8	1	4
−	6	5	1

	H	Z	E
	5	4	0
−		2	3

	H	Z	E
	3	4	6
−	1	8	7

	H	Z	E
	4	4	1
−		5	3

	H	Z	E
	9	4	0
−	7	2	3

🔑 159 163 181 217 228 281 335 381 388 517 519

2 Schreibe stellengerecht untereinander. Subtrahiere schriftlich.

942 − 523

	9	4	2
−	5	2	3
		1	
			9

836 − 546

	8	3	6
−			

694 − 206

491 − 89

917 − 456

864 − 468

741 − 36

378 − 279

910 − 704

537 − 158

🔑 99 206 290 379 396 402 419 461 488 675 705

Schriftliches Ergänzungsverfahren zur Subtraktion mit Übertrag kennenlernen.

Ich ergänze: 3 E + 1 E = 4 E.
7 Z + 8 Z = 15 Z.
1 H + 1 H + 1 H = 3 H.

Schriftliche Subtraktion

1 Schreibe stellengerecht untereinander. Subtrahiere schriftlich.

a)	b)	c)	d)	e)
623 − 219	429 − 156	354 − 166	650 − 86	906 − 654
756 − 693	837 − 245	783 − 298	456 − 106	333 − 77
532 − 427	918 − 774	511 − 333	822 − 44	1000 − 666

63   105   144   178   188   250   252   256   273   334   350   404   485   564   592   778

2 a) Subtrahiere immer die gleiche Zahl bis zur Zielzahl.

  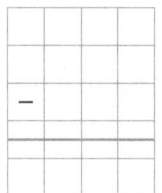 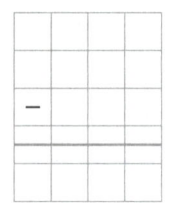 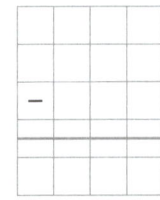

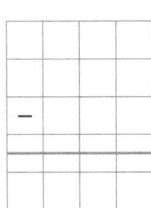 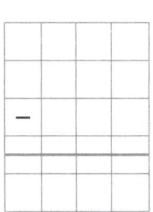 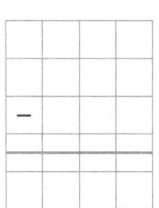 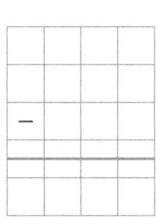

Zielzahl erreicht.

b) Starte mit 540. Subtrahiere immer 54.

c) Betrachte die beiden Zielzahlen. Was fällt dir auf? Begründe.

_____

_____

3 Schreibe stellengerecht untereinander. Subtrahiere schriftlich.

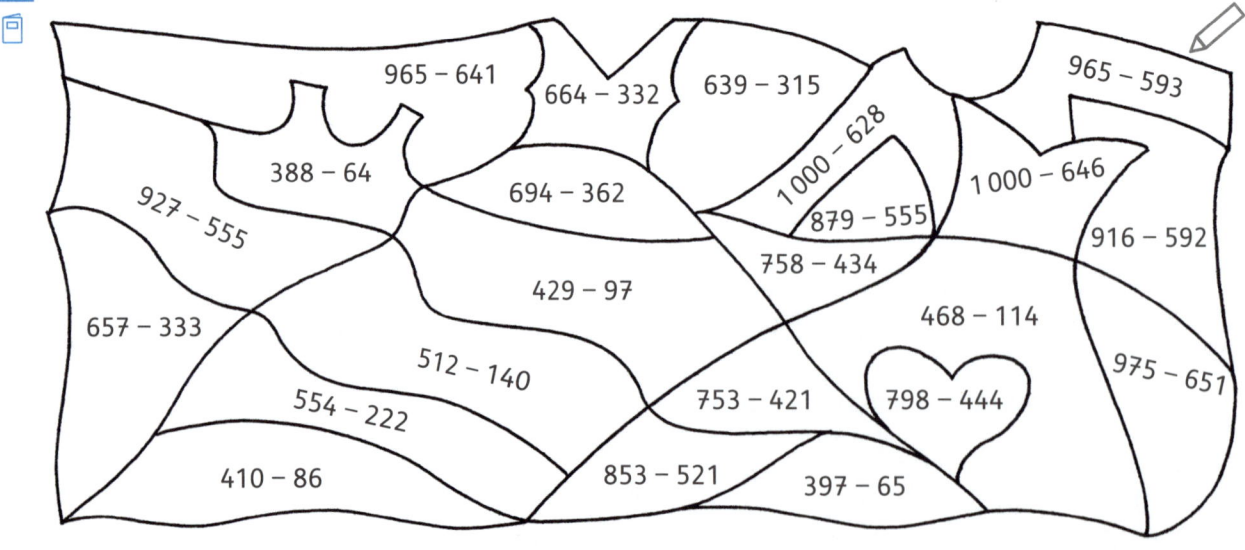

 324   354   372   332

Schriftliches Verfahren der Subtraktion ohne und mit Übertrag üben.

Ich subtrahiere von 870 die Zahl 87. Die Differenz ist 783. Von 783 subtrahiere ich wieder 87. Die Differenz ist ...

Schriftliche Subtraktion

Mit dem Überschlag 600 − 50 = 550 erkennst du, dass dein Ergebnis nicht stimmt.

1 Finde die Fehler. Markiere sie. Berichtige. Verbinde mit der passenden Wortkarte.

 Ü: 700 − 450 = 250 _____   Ü: _____   Ü: _____

	7	3	2
−	4	5	1
	2	8	3

	7	3	2
−	4	5	1
	2	8	1

	5	6	8
−	1	7	4
	4	9	4

	8	1	0
−		5	7
	2	4	0

Übertrag falsch!

Falsch untereinander geschrieben!

Falsch subtrahiert!

Ü: _____   Ü: _____   Ü: _____

	6	0	7
−	3	4	4
	3	6	3

	9	1	3
−		8	9
		2	3

	4	5	8
−	3	6	9
		1	7

---

2 Klecksaufgaben: Trage die richtigen Ziffern ein.

	9	9	2
−	3	🔵	0
	6	1	2

	5	4	7
−	🔵	3	9
	4	0	8

	6	6	9
−	5	🔵	8
		8	1

	3	0	5
−	1	1	2
	🔵	9	🔵

	7	8	0
−	1	🔵	4
	🔵	3	6

Fehler bei der schriftlichen Subtraktion erkennen und berichtigen.
Fehlende Ziffern in schriftlichen Subtraktionen ergänzen.
Welche Fehler hast du gefunden? Erkläre.

Ich überschlage zuerst: 700 − 450 = 250.
Ich rechne nach. Die Differenz stimmt nicht. Ich finde den Fehler.

51

Schriftliche Subtraktion

1 Wähle 2 Zahlenkarten von oben. Subtrahiere schriftlich.

a) Finde 5 Aufgaben mit einem Ergebnis kleiner als 200.

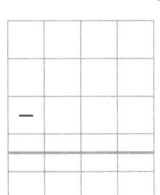 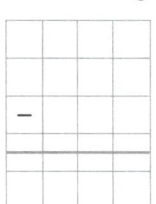 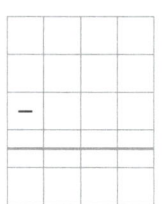 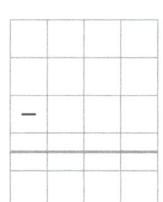 

b) Finde 5 Aufgaben mit einem geraden Ergebnis.

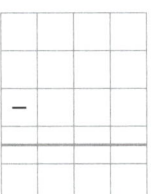 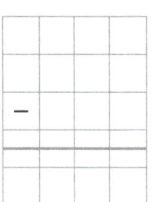 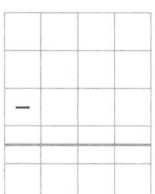  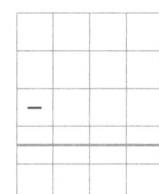

c) Finde 5 Aufgaben mit einem ungeraden Ergebnis.

  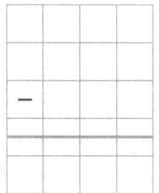 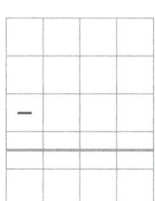 

d) Finde das größte Ergebnis.   e) Finde das kleinste Ergebnis.   f) Finde das Ergebnis 191.

   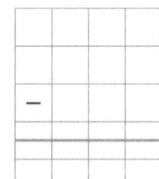

2 Bilde aus den 3 Ziffern 6, 8 und 9 alle möglichen 3-stelligen Zahlen.

689 _____ _____ _____ _____ _____

Subtrahiere immer 2 der gefundenen Zahlen. Finde die 3 größten und die 3 kleinsten Ergebnisse.

Schriftliches Verfahren der Subtraktion anwenden.

 Ich subtrahiere von 409 die Zahl 339. Die größere Zahl steht immer oben. Das Ergebnis ist 70. Es ist kleiner als 200.

Schriftliche Subtraktion

1 Rechne schriftlich oder im Kopf.

a)

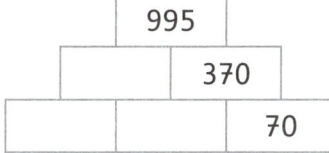
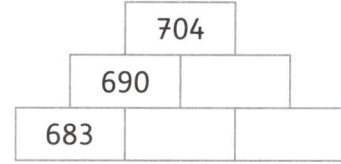

Pyramide 1: 929 / 429 | 500 / 227 | ___
Pyramide 2: 995 / ___ | 370 / ___ | 70
Pyramide 3: 704 / 690 | ___ / 683 | ___

b)

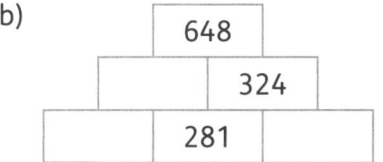
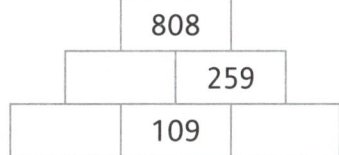
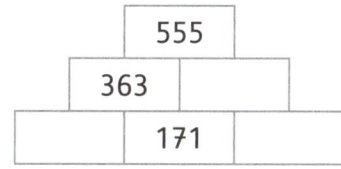

Pyramide 1: 648 / 324 / 281
Pyramide 2: 808 / 259 / 109
Pyramide 3: 555 / 363 / 171

c) Vergleiche die Grund- und Zielsteine. Was fällt dir auf?

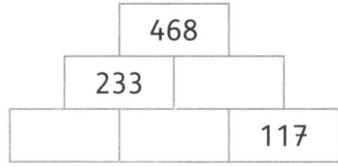
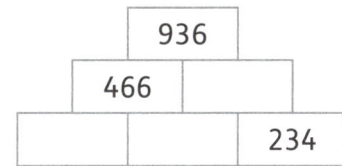

Pyramide 1: 468 / 233 / 117
Pyramide 2: 936 / 466 / 234

7 7 14 21 43 43 115 118 150 192 192 202 230 233 235 236 298 300 324 325 440 470 500 549 625

2 Baue Zahlenmauern.

Ich beginne mit dem Zielstein.

a) 548

126   263   148
285   548   137

b)

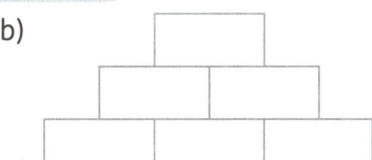

429   78   147
69   204   282

c)

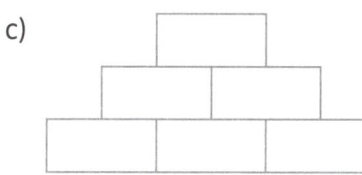

461   53   408
98   506   967

3 Klecksaufgaben: Trage die richtigen Ziffern ein.

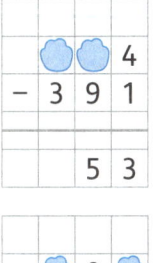
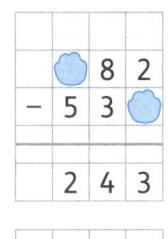
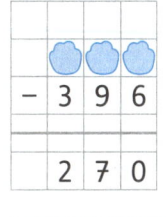
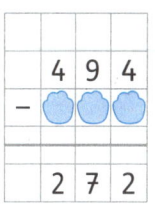
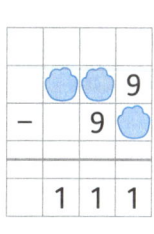

```
 ● ● 4        ● 8 2        ● ● ●        4 9 4        ● ● 9
-3 9 1       -5 3 ●       -3 9 6       -● ● ●       - 9 ●
─────        ─────        ─────        ─────        ─────
   5 3        2 4 3        2 7 0        2 7 2        1 1 1
```

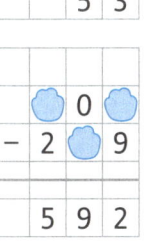
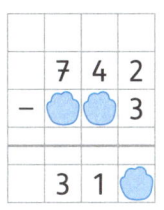
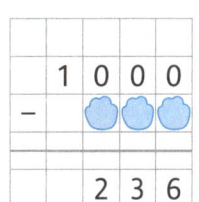
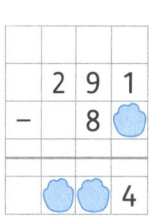
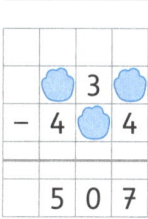

```
 ● 0 ●        7 4 2        1 0 0 0       2 9 1        ● 3 ●
-2 ● 9       -● ● 3       - ● ● ●       - 8 ●       -4 ● 4
─────        ─────        ─────         ─────        ─────
 5 9 2        3 1 ●         2 3 6        ● ● 4        5 0 7
```

Schriftliches Verfahren der Subtraktion
an bekannten Aufgabenformaten üben.

15

Beim Bauen von Zahlenmauern
beginne ich mit dem Zielstein 548.
Dann probiere ich ...

53

Schriftliche Subtraktion

1 Schreibe stellengerecht untereinander. Subtrahiere schriftlich.

a) 333 – 111   788 – 466   854 – 634   944 – 32   987 – 63

```
  3 3 3
- 1 1 1
```

b) 756 – 365   491 – 288   380 – 95   1 000 – 865   654 – 580

🔑 74   135   203   220   222   285   322   391   500   912   924

2 Schreibe stellengerecht untereinander. Subtrahiere schriftlich.

a) 437 – 216   b) 814 – 115   c) 493 – 294   d) 518 – 99   e) 312 – 79
   921 – 711   290 – 164   382 – 193   621 – 77   881 – 95
   634 – 213   780 – 576   621 – 436   524 – 88   724 – 88

🔑 126   185   189   199   204   210   221   233   419   421   436   544   636   640   699   786

3

 805 – 460
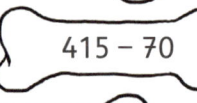 412 – 195
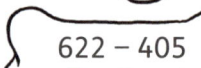 1 000 – 732
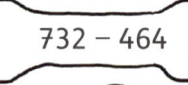 999 – 782

 522 – 110
415 – 70
622 – 405
732 – 464

 521 – 109
 379 – 111
 861 – 449
 543 – 198

217   268   345   412

4

Sich der 0 nähern:

Mit 3 Würfeln würfeln. Aus den Augenzahlen 3-stellige Zahlen bilden und die kleinere Zahl subtrahieren. Das Kind, dessen Differenz näher an 0 liegt, erhält einen Punkt.

Gespielt mit: _____

Schriftliche Subtraktion

● **1** Klecksaufgaben: Trage mögliche Ziffern ein.

Finde 10 verschiedene Lösungen.

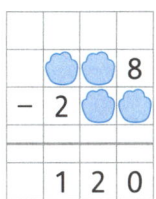 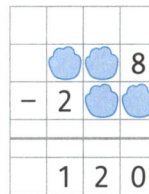 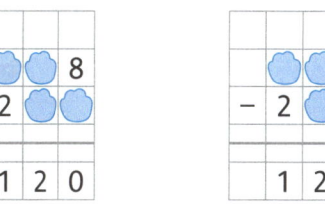

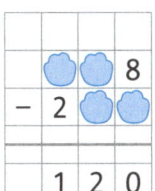 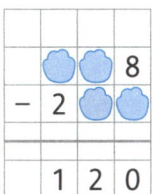 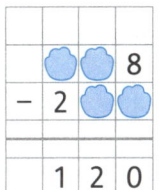 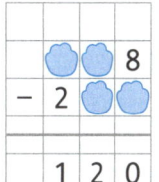 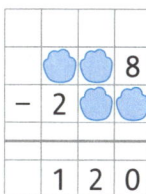

● **2**

Ich subtrahiere von 421 meine Zahl und erhalte die Differenz 229.

Die Zahl heißt _____ .

Ich subtrahiere meine Zahl 2-mal nacheinander von 1000 und erhalte 324.

Die Zahl heißt _____ .

Finde die 2 Zahlen, deren Differenz 250 und deren Summe 750 ist.

Die Zahlen heißen _____ und _____ .

Finde die 2 Zahlen, deren Differenz 222 und deren Summe 750 ist.

Die Zahlen heißen _____ und _____ .

_____

_____

_____

_____

Die Zahl heißt _____ .

Schriftliches Verfahren der Subtraktion üben.
Zahlenrätsel lösen, erfinden und evtl. eine Tonaufnahme erstellen.

55

Alle Rechenarten

Aufgaben kontrollieren

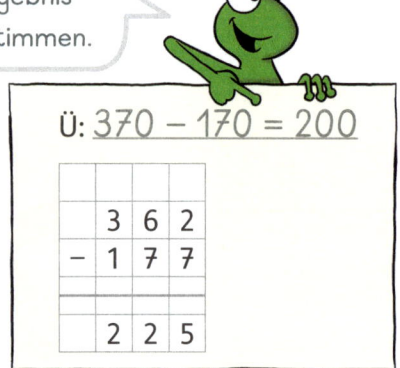

362 − 177

Ich überschlage. Das Ergebnis könnte stimmen.

Ü: 370 − 170 = 200

	3	6	2
−	1	7	7
	2	2	5

Dein Ergebnis stimmt nicht. Ich habe die Umkehraufgabe als Probe gerechnet. Das ist genauer.

P:	2	2	5
+	1	7	7
	4	0	2

1 a) Kontrolliere mit dem Überschlag und der Umkehraufgabe.

Ü: _____ Ü: _____ Ü: _____ Ü: _____

	5	4	1
−	3	2	3
	2	2	8

P:

	6	5	6
−	1	2	5
	7	3	1

P:

	6	8	1
−	3	8	2
		6	3

P:

	7	4	9
−	4	7	5
	2	7	4

P:

b) Bei welchen Aufgaben reicht der Überschlag zur Kontrolle aus? Markiere diese Überschläge.

2 Richtig oder falsch? Kontrolliere.

a) 689 − 573 = 216   f
864 − 652 = 212   ✓
989 − 765 = 224   ☐

b) 306 − 148 = 78   ☐
742 − 576 = 266   ☐
922 − 833 = 290   ☐

c) 602 − 457 = 135   ☐
901 − 655 = 454   ☐
1000 − 667 = 333   ☐

3 Richtig oder falsch? Kontrolliere die Zahl im gelben Stein.

a)   f
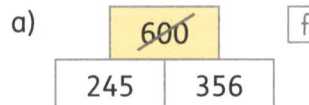

b)   ☐
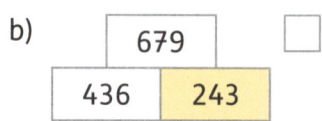

c)   ☐
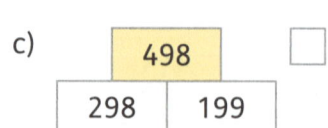

d)   ☐
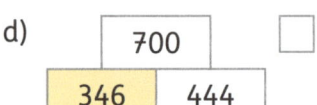

e)   ☐
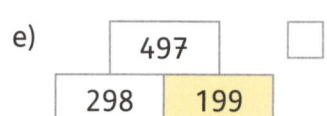

f)   ☐
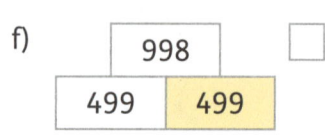

Ergebnisse durch Überschlagen und mit der Probe kontrollieren. Fehler finden. Zahlenmauern kontrollieren.

Mit dem Überschlag prüfe ich, ob das Ergebnis stimmen kann. Mit der Probe finde ich hier einen Fehler.

Alle Rechenarten

Aufgaben kontrollieren

Ich überschlage.
Das Ergebnis könnte stimmen.

117 : 3

Ich habe die Umkehraufgabe als Probe gerechnet. Das ist genauer. Dein Ergebnis stimmt nicht.

Ü: 120 : 3 = 40

1 1 7 : 3 = 3 8
9 0 : 3 = 3 0
2 7 : 3 = 8

P: 3 8 · 3 = 1 1 4
3 0 · 3 = 9 0
8 · 3 = 2 4

1 a) Kontrolliere mit dem Überschlag und der Umkehraufgabe.

Ü: _____   Ü: _____   Ü: _____

2 6 5 : 5 = 5 5
2 5 0 : 5 = 5 0
1 5 : 5 = 5

P:

1 5 4 : 7 = 1 2
1 4 0 : 7 = 1 0
1 4 : 7 = 2

P:

2 1 6 : 9 = 2 6
1 8 0 : 9 = 2 0
3 6 : 9 = 6

P:

b) Bei welcher Aufgabe reicht der Überschlag zur Kontrolle aus? Markiere diesen Überschlag.

Begründe. _____

_____

2 Richtig oder falsch? Kontrolliere.

a) 224 : 4 = 54   [f]
   90 : 6 = 15   [✓]
  105 : 7 = 14   [ ]
   95 : 5 = 19   [ ]

b)   68 : 4 = 17   [ ]
 132 : 3 = 14   [ ]
 184 : 8 = 23   [ ]
 126 : 6 = 12   [ ]

c) 135 : 3 = 45   [ ]
 225 : 5 = 16   [ ]
 288 : 9 = 32   [ ]
  91 : 7 = 13   [ ]

3 Kreuze die richtige Antwort an.

An einem Bahnhof stehen 3 Schulklassen mit je 25 Kindern. Der Zug fällt aus.

Die 3 Lehrer rufen Taxis, um mit den Kindern zur Schule zu kommen. In jedes Taxi passen

7 Personen und der Taxifahrer. Wie viele Taxis müssen fahren?

[ ] 11 Taxis   [ ] 12 Taxis   [ ] 13 Taxis

Ergebnisse durch Überschlagen und mit der Probe kontrollieren.
Fehler finden. Sachaufgabe lösen.
MK Informationsbewertung 3

Mit dem Überschlag prüfe ich, ob das Ergebnis stimmen kann. Mit der Probe finde ich hier einen Fehler.

57

Alle Rechenarten

Gleichungen und Ungleichungen

Größer oder kleiner?

243 + 185 < 500

Ich nutze den Überschlag.
240 + 200 < 500

1 Überschlage. Setze dann < oder > ein.

a) 207 + 374 ◯ 500   133 + 398 ◯ 500   186 + 107 ◯ 300
   Ü: 200 + 370 = ____   Ü:_____   Ü:_____

b) 384 + 418 ◯ 700   407 + 272 ◯ 800   479 + 289 ◯ 800
   Ü:_____   Ü:_____   Ü:_____

c) 732 − 288 ◯ 500   962 − 431 ◯ 300   674 − 384 ◯ 200
   Ü: 730 − 300 = ____   Ü:_____   Ü:_____

d) 316 − 258 ◯ 100   882 − 621 ◯ 200   563 − 354 ◯ 300
   Ü:_____   Ü:_____   Ü:_____

2 Überschlage.

 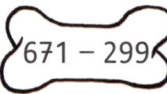 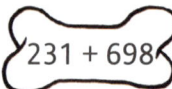 

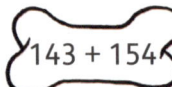 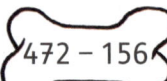 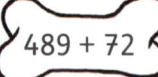 

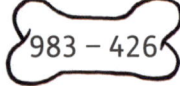 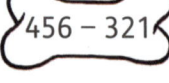 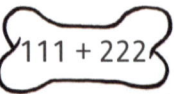

Ergebnis kleiner als 300   Ergebnis zwischen 300 und 500   Ergebnis größer als 500

Ungleichungen mit Hilfe eines Überschlags lösen, Relationszeichen einsetzen.

Die Summe ist kleiner als ...
Die Differenz ist größer als ...

Alle Rechenarten

Gleichungen und Ungleichungen

1 <, > oder = ?

a) 4 · 7 ◯ 8 · 3   b) 6 · 6 ◯ 4 · 8   c) 32 : 8 ◯ 16 : 4   d) 16 : 2 ◯ 24 : 3

3 · 9 ◯ 5 · 6   8 · 2 ◯ 3 · 5   54 : 6 ◯ 72 : 9   30 : 6 ◯ 28 : 7

6 · 8 ◯ 7 · 7   3 · 8 ◯ 4 · 6   42 : 7 ◯ 42 : 6   49 : 7 ◯ 48 : 8

6 · 6 ◯ 5 · 7   8 · 8 ◯ 7 · 9   64 : 8 ◯ 81 : 9   56 : 7 ◯ 45 : 9

2 Setze die größtmögliche Zehnerzahl ein.

7 · ____ < 540   9 · ____ < 720   840 > 9 · ____   360 > 8 · ____

5 · ____ < 420   6 · ____ < 380   650 > 7 · ____   540 > 6 · ____

Zehnerzahlen: 10, 20, 30, ...

🔑 40 50 60 70 70 80 80 90 90

3 Male alle passenden Zahlen an.

a) 6 · 🟥 > 280

| 10 | 20 | 30 | 40 | 50 | 60 | 70 | 80 | 90 |

7 · 🟥 < 500

| 10 | 20 | 30 | 40 | 50 | 60 | 70 | 80 | 90 |

5 · 🟥 > 260

| 10 | 20 | 30 | 40 | 50 | 60 | 70 | 80 | 90 |

4 · 🟥 > 60

| 10 | 20 | 30 | 40 | 50 | 60 | 70 | 80 | 90 |

b) 200 : 🟥 > 49

| 1 | 2 | 3 | 4 | 5 | 6 | 7 | 8 | 9 |

300 : 🟥 = 50

| 1 | 2 | 3 | 4 | 5 | 6 | 7 | 8 | 9 |

630 : 🟥 < 91

| 1 | 2 | 3 | 4 | 5 | 6 | 7 | 8 | 9 |

330 : 🟥 < 66

| 1 | 2 | 3 | 4 | 5 | 6 | 7 | 8 | 9 |

4 Überschlage.

216 : 3

2 · 19   133 : 7   8 · 19   4 · 17

152 : 8   124 : 2   68 : 4   108 : 9   144 : 6

3 · 28   176 : 8

Ergebnis kleiner als 20   Ergebnis zwischen 20 und 50   Ergebnis größer als 50

Relationszeichen einsetzen, Ungleichungen lösen.
Lösungsmengen von Gleichungen und Ungleichungen bestimmen.

Das Produkt aus 6 und 50 ist größer als 280. Daher markiere ich die 50 und alle Zahlen größer als 50.

59

Alle Rechenarten

Geschicktes Rechnen

$125 + 252 + 198 + 75$

$125 + 75 + 252 + 198$

$200 \quad + \quad 450 \quad = 650$

Wie kann ich hier geschickt rechnen?

Beim Addieren darf ich die Reihenfolge der Summanden vertauschen.

---

1 Markiere: Rechne geschickt.

$60 + 73 + 40 + 17$ $\underline{100 + 90}$ = _____ $64 + 170 + 230 + 136$ _____ = _____

$99 + 30 + 70 + 41$ _____ = _____ $198 + 250 + 150 + 102$ _____ = _____

$167 + 80 + 33 + 20$ _____ = _____ $108 + 70 + 0 + 202$ _____ = _____

$250 + 55 + 50 + 45$ _____ = _____ $265 + 60 + 135 + 60$ _____ = _____

$250 + 77 + 23 + 21$ _____ = _____ $480 + 77 + 20 + 223$ _____ = _____

 190   240   300   371   380   400   500   520   600   700   800

---

2 Rechne geschickt.   Hier nutze ich den Hundertertrick.

a) $246 + 378 + 54$ b) $26 + 144 + 199$ c) $150 + 276 + 150$

$300 + 378 =$

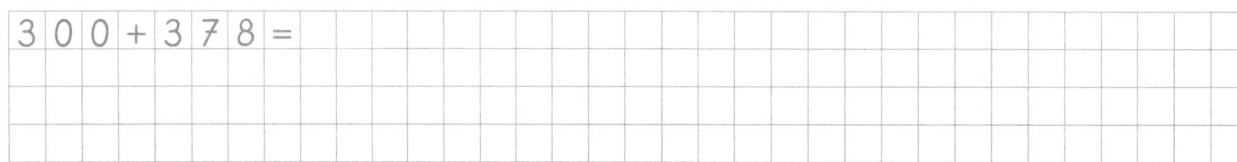

d) $406 - 198 - 46$ e) $546 - 298 - 46$ f) $625 - 199 - 25$

---

3 S. 60, Nr. 3

a) $160 + 220 + 40$

$200 + 220 =$

a) $160 + 220 + 40$ b) $746 + 24 + 10$ c) $565 - 99 - 65$

$365 + 220 + 35$ $669 + 40 + 31$ $574 - 274 - 98$

$435 + 360 + 40$ $567 + 33 + 30$ $615 - 299 - 115$

$344 + 256 + 38$ $198 + 99 + 299$ $298 - 198 - 63$

 37   201   202   401   420   440   596   620   630   638   740   780   835

Rechenvorteile in Kettenaufgaben der Addition und Subtraktion erkennen und nutzen.
❄ Welchen Rechenvorteil nutzt du? Erkläre.

 Ich suche 2 Summanden, die zusammen einen vollen Zehner oder Hunderter ergeben.

Alle Rechenarten

Geschicktes Rechnen

Wie kann ich hier geschickt rechnen?

Beim Multiplizieren darf ich die Reihenfolge der Faktoren vertauschen.

$$5 \cdot 13 \cdot 2$$
$$5 \cdot 2 \cdot 13$$
$$10 \cdot 13 = 130$$

---

1 Markiere: Rechne geschickt.

5 · 17 · 2   10 · 17   = _____   25 · 5 · 4   _____ = _____

4 · 2 · 5   _____ = _____   8 · 7 · 5   _____ = _____

5 · 20 · 4   _____ = _____   14 · 11 · 0   _____ = _____

2 · 80 · 5   _____ = _____   20 · 3 · 5   _____ = _____

3 · 34 · 0   _____ = _____   5 · 2 · 65   _____ = _____

0   0   40   100   170   280   300   400   500   650   800

---

2 Rechne im Kopf. Kreuze die leichte Aufgabe an und rechne sie zuerst.

a) 19 · 5 = _____ ☐   48 · 3 = _____ ☐   24 · 4 = _____ ☐   20 · 8 = _____ ☐

20 · 5 = _____ ☐   49 · 3 = _____ ☐   25 · 4 = _____ ☐   19 · 8 = _____ ☐

21 · 5 = _____ ☐   50 · 3 = _____ ☐   26 · 4 = _____ ☐   18 · 8 = _____ ☐

b) 10 · 11 = _____ ☐   9 · 12 = _____ ☐   5 · 35 = _____ ☐   2 · 21 = _____ ☐

11 · 11 = _____ ☐   5 · 12 = _____ ☐   4 · 35 = _____ ☐   2 · 20 = _____ ☐

9 · 11 = _____ ☐   10 · 12 = _____ ☐   2 · 35 = _____ ☐   2 · 19 = _____ ☐

---

3 Finde die Regel und setze fort. Präsentiere deine Ergebnisse.

a) Immer · _____ , + _____ .

4 — 8 — 20 — 40 — 52 — ⬭ — ⬭

Immer _____ .

15 — 5 — 20 — 10 — 40 — ⬭ — ⬭

Immer _____ .

19 — 38 — 30 — 60 — 52 — ⬭ — ⬭

b) Immer _____ .

⬭ — ⬭ — 50 — 56 — 8 — 14 — 2

Rechenvorteile in Kettenaufgaben der Multiplikation erkennen und nutzen.
Regeln in Zahlenfolgen erkennen, Zahlenfolgen fortsetzen und präsentieren.

 Ich markiere die Faktoren 5 und 2.
Das Produkt aus 5 und 2 ist 10.
Mit 10 kann ich leicht multiplizieren.

61

Alle Rechenarten

Punkt- vor Strichrechnung

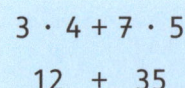

Zuerst multiplizieren (oder dividieren).

Dann addieren (oder subtrahieren).

! Punktrechnung geht vor Strichrechnung.

1 a) $4 \cdot 2 + 8 \cdot 2 =$ _____

_____ + _____ = _____

b) $7 \cdot 3 - 6 : 2 =$ _____

_____ − _____ = _____

c) $8 \cdot 8 - 10 : 5 =$ _____

_____ − _____ = _____

d) $6 \cdot 7 + 3 \cdot 6 =$ _____

_____ + _____ = _____

e) $7 \cdot 8 - 4 : 4 =$ _____

_____ − _____ = _____

f) $9 : 3 + 6 \cdot 9 =$ _____

_____ + _____ = _____

🔑 18   24   55   57   60   62   100

2 a) $2 \cdot 7 + 6 \cdot 5$

$5 \cdot 5 + 3 \cdot 7$

$3 \cdot 9 - 6 \cdot 4$

$9 \cdot 8 - 8 \cdot 4$

b) $8 \cdot 5 + 56 : 8$

$6 \cdot 9 + 42 : 7$

$5 \cdot 6 - 64 : 8$

$9 \cdot 5 - 72 : 9$

c) $24 : 4 + 18 : 3$

$45 : 5 + 16 : 2$

$36 : 6 - 28 : 7$

$81 : 9 - 24 : 8$

d) $6 + 3 \cdot 4$

$7 + 7 \cdot 2$

$9 - 3 \cdot 3$

$7 - 0 \cdot 6$

🔑 0   2   3   5   6   7   12   17   18   21   22   37   40   44   46   47   60

3 a) Multipliziere 9 mit 6. $\underline{9 \cdot 6 =}$ _____

Multipliziere 7 mit 3. _____

b) Das Produkt aus 9 und 8 ist _____.

Das Produkt aus 8 und 7 ist _____.

c) Ein Faktor ist 7, das Produkt ist 21. Der andere Faktor ist _____.

Ein Faktor ist 6, das Produkt ist 54. Der andere Faktor ist _____.

4 a) Multipliziere 4 mit 7, addiere dazu das Produkt aus 3 und 3. Die Summe ist _____.

_____

b) Dividiere 100 durch 5, subtrahiere davon 14. Die Differenz ist _____.

_____

c) Multipliziere 19 und 2, addiere nun den Quotienten aus 15 und 5. Die Summe ist _____.

_____

Die Regel „Punktrechnung geht vor Strichrechnung." kennenlernen und anwenden.

Punktrechnung bedeutet: multiplizieren oder dividieren. Strichrechnung bedeutet: addieren oder subtrahieren.

Alle Rechenarten

1 Richtig oder falsch? Kontrolliere.

a) $752 - 365 = \cancel{413}$ ☐f
$764 - 352 = 412$ ☑
$781 - 299 = 282$ ☐

b) $504 - 208 = 94$ ☐
$672 - 513 = 159$ ☐
$833 - 655 = 378$ ☐

c) $593 - 346 = 247$ ☐
$802 - 457 = 155$ ☐
$1000 - 551 = 449$ ☐

2 Überschlage. Setze dann < oder > ein.

$279 + 199 \bigcirc 500$
Ü: _____

$377 + 312 \bigcirc 600$
Ü: _____

$298 + 347 \bigcirc 700$
Ü: _____

3 Markiere: Rechne geschickt.

a) $20 + 37 + 80 + 63$ _____ = _____
$12 + 10 + 90 + 68$ _____ = _____
$206 + 70 + 44 + 30$ _____ = _____

b) $5 \cdot 16 \cdot 2$ _____ = _____
$50 \cdot 7 \cdot 2$ _____ = _____
$6 \cdot 50 \cdot 2$ _____ = _____

c) $761 - 78 - 61$ _____ = _____
$456 - 156 - 199$ _____ = _____
$247 - 198 - 47$ _____ = _____

d) $5 \cdot 6 \cdot 4$ _____ = _____
$20 \cdot 8 \cdot 5$ _____ = _____
$32 \cdot 5 \cdot 2$ _____ = _____

🔑 2 101 120 160 180 200 320 350 400 600 622 700 800

4 a) $6 \cdot 8 + 2 \cdot 6 =$ _____
_____ + _____ = _____

b) $8 \cdot 9 - 3 \cdot 4 =$ _____
_____ − _____ = _____

c) $25 : 5 + 81 : 9 =$ _____
_____ + _____ = _____

d) $9 \cdot 4 + 2 \cdot 7 =$ _____
_____ + _____ = _____

e) $8 \cdot 4 - 4 : 4 =$ _____
_____ − _____ = _____

f) $7 \cdot 3 + 7 \cdot 7 =$ _____
_____ + _____ = _____

🔑 14 31 50 60 60 64 70

5

Meine Differenz ist kleiner.

Differenzen bilden:

Aus 6 Zahlenkarten (2 H, 2 Z, 2 E) 2 Zahlen bilden und die Differenz berechnen.

Differenzen vergleichen. Wer die kleinere Differenz hat, gewinnt.

Gespielt mit: _____

Ergebnisse kontrollieren. Ungleichungen lösen.
Rechenvorteile nutzen. Rechenregel anwenden.

63

Sachrechnen

Projekt: Gesundes Frühstück

Rezept Obstsalat für 6 Portionen	Rezept Früchtequark für 4 Portionen	Rezept Milchmix für 4 Portionen
3 Äpfel 2 Birnen 1 Banane 10 Erdbeeren	1 große Packung Quark 1 Glas Milch 5 Erdbeeren 10 Weintrauben 1 Pfirsich 1 Banane 2 Esslöffel Zucker	3 Gläser Milch 2 reife Bananen oder 1 Schale Erdbeeren 1 TL Zitronensaft

1 Schreibe eine Einkaufsliste für einen Obstsalat für 24 Kinder.

_____

_____

_____

2 Das Rezept Milchmix wird für 2 Klassen zubereitet.

 Das sind 43 Kinder.

a) Wie oft muss das Rezept zubereitet werden? Begründe:

_____

_____

Die meisten Kinder mögen lieber Erdbeeren. Also machen wir Milchmix mit Erdbeeren.

b) Schreibe eine passende Zutatenliste. Präsentiere.

3 a) Das Rezept Früchtequark wird für 26 Kinder zubereitet.

Reicht eine Packung Milch?

b) Das Rezept Früchtequark wird mit 2 Packungen Milch zubereitet.

Für wie viele Kinder reicht der Früchtequark?

c) Wie viele Portionen Milchmix kann man mit 2 Packungen Milch

ungefähr zubereiten?

Eine Packung ergibt 5 Gläser Milch

4 a) Für das gesunde Frühstück wird jedes Rezept 4-mal zubereitet.

Wie viele Schalen Erdbeeren müssen gekauft werden?

b) Suche im Internet oder in Büchern nach einem weiteren

Rezept für ein Klassenfrühstück.

20 Erdbeeren

Informationen aus Texten entnehmen, Sachaufgaben lösen.
✤ Wieso bist du sicher, dass alle Kinder einen Milchmix bekommen?
MK Informationsrecherche 4

 Damit das Rezept für alle Kinder reicht, muss ich …

Sachrechnen

Projekt: Gesundes Frühstück

1 Mini und Max bereiten für 23 Kinder Brotgesichter vor.

Rezept für 8 Brotgesichter:
8 Scheiben Vollkornbrot
1 Packung Frischkäse
1 rote Paprika
1 gelbe Paprika
1 kleine Salatgurke
8 Kirschtomaten
1 Bund Schnittlauch

1 Vollkornbrot = 20 Scheiben

a) Frage: Wie oft müssen sie das Rezept zubereiten,

damit jedes Kind mindestens ein Brotgesicht bekommt?

Lösungsweg:

Antwort: _____

b) Schreibe die Zutaten für diese Menge auf.

_____   _____

_____   _____

_____   _____

_____   _____

2

Obstsalat	Früchtequark	Milchmix	Brotgesichter
⊞⊞ ⊞⊞ II	⊞⊞ ⊞⊞ I	⊞⊞ ⊞⊞ ⊞⊞	⊞⊞ ⊞⊞ ⊞⊞ I

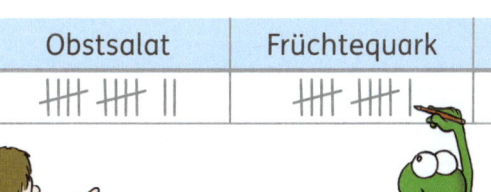

a) Wie oft müssen die Rezepte zubereitet werden?

Schaue nach, für wie viele Personen jedes Rezept reicht.

b) Wie viel Obst muss gekauft werden?

c) Wie viel Gemüse muss gekauft werden?

d) Wie viele Packungen Milch, Quark und Frischkäse müssen gekauft werden?

e) Wie viele Brote braucht man?

f) Wie lange dauert das Frühstück?

g) Plant ein gesundes Frühstück für eure Klasse. Fertigt eine Strichliste wie oben an.

Was mögen die Kinder? Berechnet wie in b) bis e), was eingekauft werden muss.

Informationen aus Texten und Tabellen entnehmen.
Sachaufgaben lösen.
MK Informationsrecherche 2

Ich weiß bereits, …
Das Rezept muss ich …-mal zubereiten,
damit es für alle Kinder reicht.

65

Sachrechnen

Projekt: Zoo

1 Die Klasse 3a plant mit 26 Kindern und 3 Erwachsenen einen Ausflug in den Zoo.

Fahrausweise		Preisstufe 1	Preisstufe 2	Preisstufe 3	Preisstufe 4
Einzelfahrkarte					
	Erwachsene	2,50 €	3,80 €	5,10 €	6,90 €
	Kinder[1]	1,90 €	2,90 €	3,80 €	5,35 €
Mehrfahrtenkarte 4 Fahrten					
	Erwachsene	9,10 €	12,65 €	16,60 €	23,40 €
	Kinder[1]	6,90 €	10,30 €	13,90 €	18,55 €
Tageskarte					
1 Person (1 Erwachsener oder 2 Kinder[1])		6,30 €	7,90 €	9,90 €	13,70 €
5 Personen (5 Erwachsene oder 10 Kinder[1])		12,50 €	15,10 €	19,90 €	27,10 €

[1] 6 Jahre bis einschließlich 14 Jahre

a) Was müssen 10 Kinder in der Preisstufe 1 für Einzelfahrkarten bezahlen?

b) Was bezahlen 3 Erwachsene in der Preisstufe 3 für Einzelfahrkarten?

c) Was muss die Klasse 3a bezahlen, wenn sie 26 Einzelfahrkarten für Kinder in der Preisstufe 3 kauft?

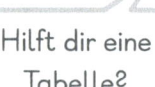

Hilft dir eine Tabelle?

d) Welche Fahrkarten sind für 4 Erwachsene in der Preisstufe 4 bei Hin- und Rückfahrt am günstigsten?

e) Die Klasse 3a fährt hin und zurück mit der Bahn in den Zoo und bezahlt die Preisstufe 3. Der günstigste Fahrpreis für die Klasse mit 3 Begleitpersonen beträgt 59,70 €. Stimmt das? Überlegt, welche verschiedenen Möglichkeiten es gibt und wie viel diese kosten.

2 a) Wie viel Geld muss für den Eintritt der Klasse 3a und der 3 Begleitpersonen eingesammelt werden?

b) Wie viel müssen sie bezahlen, wenn der Eintritt für 2 Begleitpersonen frei ist?

c) Wie viel müsste eure Klasse bezahlen? Überlege, wie viele Begleitpersonen mitfahren.

d) Stelle deinem Partner eine Frage.

Eintritt ZOO

Tageskarten

Erwachsene	19,50 €
Kinder (4 – 12 Jahre)	9,00 €

Gruppenkarten
(ab 15 zahlenden Personen)

Erwachsene	16,50 €
Kinder (4 – 12 Jahre)	7,50 €
Schulklassen	7,00 €

Informationen aus einer Tabelle entnehmen und zum Lösen von Sachaufgaben verwenden.
MK Informationsauswertung 1

Diese Information finde ich in der 2. Spalte.
Eine Tageskarte lohnt sich, wenn …

Sachrechnen

Projekt: Zoo

Fahrplan

Haltestellen	Abfahrtszeiten (montags bis freitags)						
Krefeld Hbf	8.15	8.30	8.45	9.00	9.15	9.30	9.45
Köln Hbf	9.00	9.15	9.30	9.45	10.00	10.15	10.30
Wuppertal Hbf	9.45	10.00	10.15	10.30	10.45	11.00	11.15
Hagen Hbf	10.15	10.30	10.45	11.00	11.15	11.30	11.45
Hamm Hbf	11.00	11.15	11.30	11.45	12.00	12.15	12.30

Hbf = Hauptbahnhof

1 a) Die Klasse fährt mit dem Zug in den Zoo. Um wie viel Uhr muss sie in Krefeld losfahren, wenn sie um 10 Uhr in Köln ankommen möchte?

Antwort: _____

b) Wie lange ist die Klasse mit dem Zug von Krefeld Hbf bis Köln Hbf unterwegs?

c) Von Köln Hbf bis zum Zoo braucht sie 15 Minuten. Wann ist die Klasse im Zoo?

d) Für den Rückweg nimmt sie diesen Zug: Abfahrt Köln Hbf um 16.15 Uhr. Wann sollte sie spätestens den Zoo verlassen?

e) Wie viel Zeit hat die Klasse dann für den Zoobesuch?

2 a) Wie lange fährt man mit dem Zug von Wuppertal Hbf nach Hamm Hbf?

b) Wann erreicht man Hamm Hbf, wenn man um 10.15 Uhr von Wuppertal Hbf losfährt und der Zug 20 Minuten Verspätung hat?

c) Die U-Bahn kommt um 9.28 Uhr in Köln Hbf an. In welchen Zug nach Hagen Hbf würdest du umsteigen? Wann kommst du an?

3 Mini und Max fahren von Köln Hbf nach Hagen Hbf. Ihr Bus fährt 15 Minuten bis zum Kölner Hauptbahnhof. Sie brauchen 20 Minuten von zu Hause bis zur Bushaltestelle. Um 11.45 Uhr kommen sie in Hagen Hbf an. Wann müssen sie spätestens von zu Hause losgehen?

Hilft dir eine Skizze?

Informationen aus einer Tabelle entnehmen.
Sachaufgaben lösen.
MK Informationsauswertung 1 – 3

Die Zugfahrt dauert ... Minuten.
Die Klasse erreicht ...

67

Sachrechnen

Projekt: Zoo

Im Zoo leben 7 Elefanten. Elefanten sind Pflanzenfresser. Sie fressen ungefähr 18 Stunden am Tag.

Pro Tag frisst und trinkt ein Elefant ungefähr:
100 kg Heu
  5 kg Möhren
  1 kg Hafer
  4 Brote
   Obst, Zweige
12 Eimer Wasser

1 a) Notiere den Speiseplan pro Tag für alle 7 Elefanten.

b) Der Zoo bekommt 245 kg Möhren geliefert.
Wie viele Tage können die 7 Elefanten davon fressen?

c) Bei der nächsten Lieferung bekommt der Zoo 350 kg Möhren. Es leben nun aber 3 Elefanten mehr im Gehege. Reichen die Möhren für mehr Tage?

d) Wie viel Kilogramm Möhren braucht man, damit 10 Elefanten 10 Tage lang jeden Tag 5 kg Möhren bekommen?

2 a) Wie viele Stunden verbringen Elefanten ungefähr mit Fressen in einer Woche?

b) Wie viele Eimer Wasser trinkt ein Elefant in einer Woche?

c) Elefanten schlafen nur ungefähr 4 Stunden am Tag.
Wie viele Stunden schlafen sie in einer Woche?

d) Wie viele Stunden schläfst du in einer Woche?

3

Löwen leben in Rudeln zusammen. Dazu gehören 3 bis 4 Männchen, ungefähr 14 Weibchen und 12 Jungtiere. In freier Wildbahn sind sie zunehmend vom Aussterben bedroht. In Westafrika leben nur noch etwa 500 Löwen.

a) Wie viele Löwen-Rudel leben ungefähr in Westafrika?
Überlege: Wie viele Löwen gehören ungefähr zu einem Rudel?

b) Welche Länder gehören zu Westafrika? Recherchiere im Internet oder in Büchern. Präsentiere.

Informationen aus Texten entnehmen.
Sachaufgaben mit Hilfe von Rechnung, Tabelle oder Skizze lösen.
MK Informationsrecherche 3

Ich weiß, dass eine Woche ... Tage hat.
Ein Tag hat ... Stunden.

Am Montag esse ich etwas ohne Fisch.

○ **1** In der Schule „Zum grünen Baum" wählen die Kinder ihr Mittagessen selbst aus.

So sehen die Bestellungen der 3. Klassen für Montag aus.

a) Ergänze die Tabelle.

Montag	Klasse 3a	Klasse 3b	Klasse 3c	Klasse 3d	Gesamt
Nudeln (N)	卌 ‖	‖‖	‖	卌 卌	21
Fisch (F)	‖‖‖	卌 ‖‖	‖‖‖		
Süßspeise (S)	卌 ‖	卌 ‖	‖‖‖	卌	
Vegetarisch (V)	‖‖	‖	卌 ‖‖‖	卌	

b) Ergänze die Säulendiagramme.

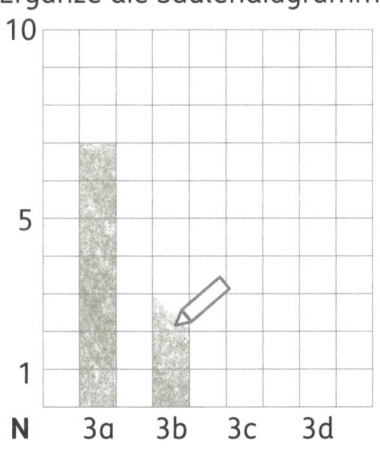

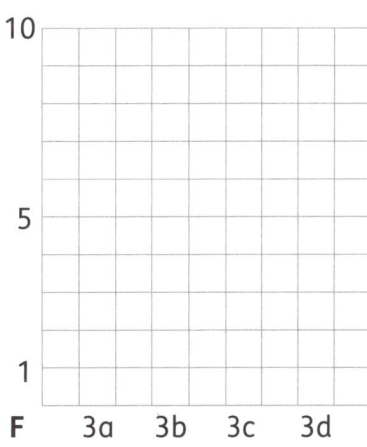

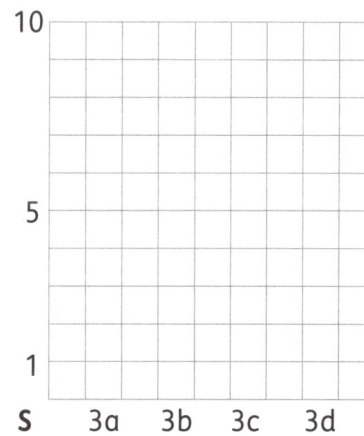

● c) Zeichne das fehlende Säulendiagramm. Präsentiere.

● **2** a) Welches Gericht wird am Montag am häufigsten bestellt? _____

b) Welche Klasse bestellt am Montag am häufigsten Nudeln? _____

c) Welche Klasse bestellt 7-mal die Süßspeise? _____

d) Welche beiden Klassen bestellen gleich häufig Fisch? _____

e) Welche Fragen kannst du besser mit Hilfe der Tabelle und

welche besser mit Hilfe der Diagramme beantworten? _____

Informationen aus der Tabelle in das Säulendiagramm übertragen.
Weshalb kannst du die Frage besser mit Hilfe des Diagramms beantworten?
MK Informationsauswertung 1 2

7 Kinder aus der Klasse 3a haben
Nudeln bestellt. Ich male für Klasse 3a
7 Kästchen im Säulendiagramm an.

69

Sachrechnen

Tabellen und Diagramme

1 a) Ergänze die Tabelle.

Datum 14.06.	Erstklässler	Zweitklässler	Drittklässler	Viertklässler	Gesamt
Nudeln (N)	24	18	21	24	87
Fisch (F)	14	25	16	11	
Süßspeise (S)	25	17	22	17	
Vegetarisch (V)	12	13	19	20	

b) Die Küchenchefin möchte wissen, ob die Erstklässler andere Gerichte bevorzugen als die Viertklässler. Sie erstellt auf Grundlage der Tagesbestellung für Nudeln ein Balkendiagramm. Ergänze.

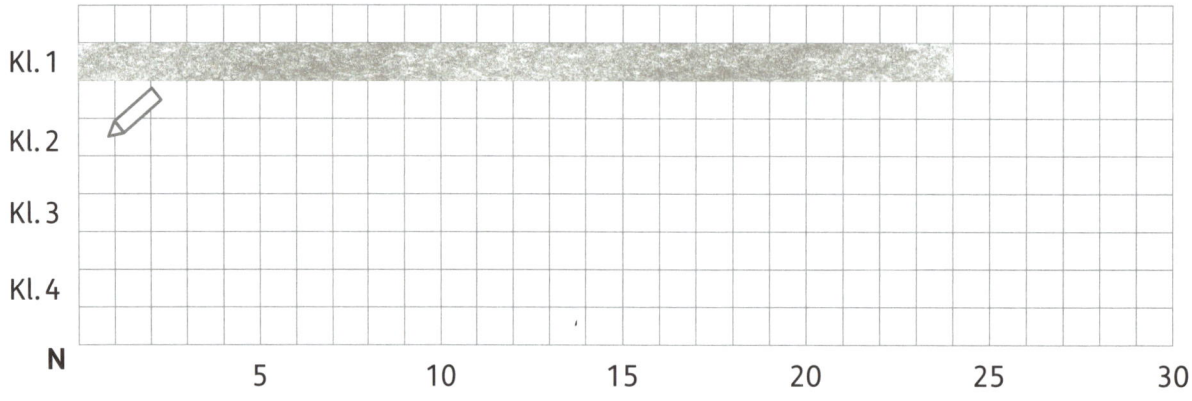

c) Zeichne die fehlenden Balkendiagramme.

d) Welche Klassenstufe isst am liebsten Fisch?

e) Welches Gericht essen die Kinder am liebsten?

f) Stelle eigene Fragen. Dein Partner beantwortet sie.

2 Was sind die Lieblingsfächer in deiner Klasse?

Erstelle eine Tabelle. Jedes Kind darf 2 Fächer wählen.

Zeichne zur Tabelle ein Diagramm. Präsentiere.

> Meine Lieblingsfächer sind Mathe und Sport.

S. 70, Nr. 2	Mädchen (M)	Jungen (J)	
Mathe			

Balkendiagramme auf Grundlage einer Tabelle erstellen.
Eigene Umfrage in der Klasse durchführen und Ergebnisse präsentieren.
MK Informationsauswertung 1

24 Erstklässler mögen gern Nudeln.
Ich male 24 Kästchen bei Klasse 1 an.

Sachrechnen

● **1** Was gehört zusammen? Notiere in deinem Heft.

▢ Achtung: Eine Tabelle passt zu keinem Diagramm. Eine Tabelle passt zu 2 Diagrammen.

1

Haustiere der 3c	
Hund	1
Katze	2
Kaninchen	5
Hamster	2
Fische	3
Andere	2

I

Sabina und Sten machen eine Umfrage, welches die Lieblingstiere der Kinder in ihrer Klasse sind.

A

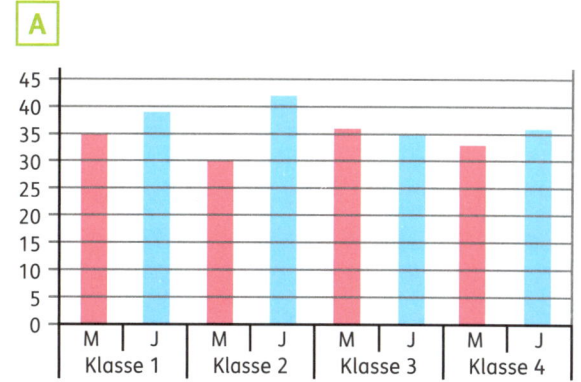

2

Lieblingstiere der 3a	
Hund	7
Katze	2
Kaninchen	3
Hamster	4
Fische	3
Andere	6

II

Die Sekretärin der Grundschule „Am Kreisel" erstellt eine Tabelle mit der Anzahl der Schüler in den einzelnen Klassenstufen.

B

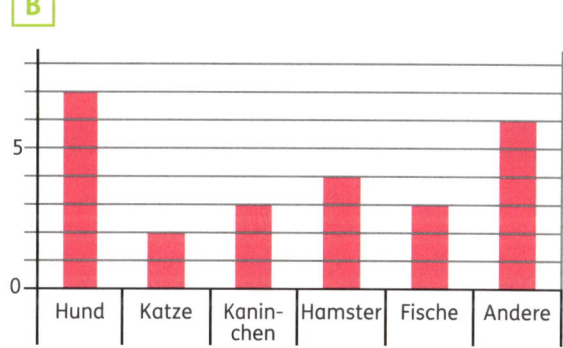

3

Fotobestellung	
Klasse 1	70
Klasse 2	68
Klasse 3	67
Klasse 4	72

III

Lynn und Rosa fragen ihre Mitschüler, ob sie ein Haustier besitzen.

C

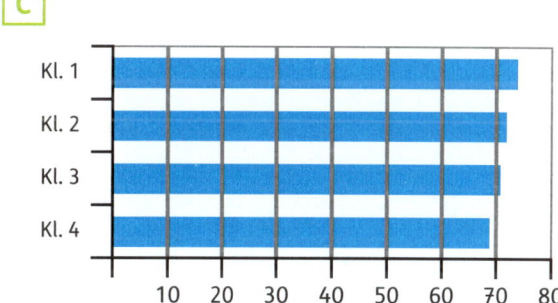

4

Anzahl der Schüler „Am Kreisel"	Kl. 1	Kl. 2	Kl. 3	Kl. 4
Mädchen	35	30	36	33
Jungen	39	42	35	36
Gesamt	74	72	71	69

D

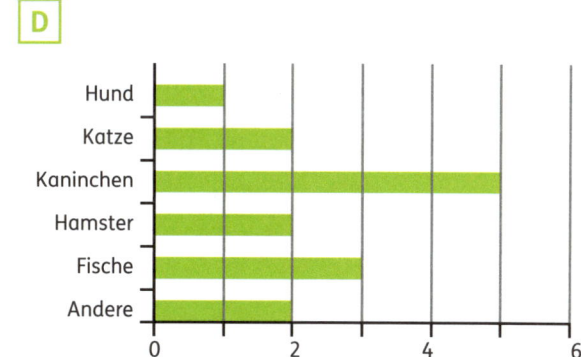

Unsere Fachsprache

Zahlen bis 1 000

Zahlenstrahl

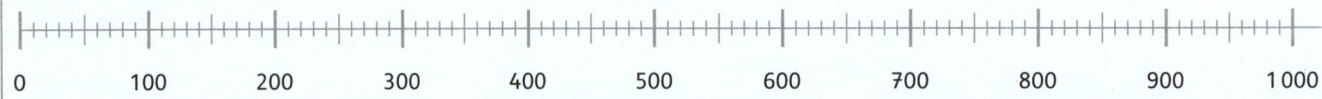

| 0 | 100 | 200 | 300 | 400 | 500 | 600 | 700 | 800 | 900 | 1 000 |

Stellenwerttafel

H	Z	E
5	2	4

Nachbarzehner

NZ	Z	NZ
520	524	530

Nachbarhunderter

NH	Z	NH
500	524	600

Rechnen bis 1 000

Addition

280	+	450	=	730
1. Summand		2. Summand		Summe

halbschriftlich addieren

$280 + 450 = 730$

$280 + 400 = 680$

$680 + 50 = 730$

schriftlich addieren

```
  2 8 0
+ 4 5 0
  1
  7 3 0
```

Subtraktion

610	−	390	=	220
Minuend		Subtrahend		Differenz

halbschriftlich subtrahieren

$610 - 390 = 220$

$610 - 300 = 310$

$310 - 90 = 220$

schriftlich subtrahieren

Abziehverfahren

```
   5 11
   6̷ 1̷ 0
 − 3 9 0
   2 2 0
```

Ergänzungsverfahren

```
   6 1 0
 − 3 9 0
     1
   2 2 0
```

Multiplikation

5	·	62	=	310
1. Faktor		2. Faktor		Produkt

halbschriftlich multiplizieren

$5 \cdot 62 = 310$

$5 \cdot 60 = 300$

$5 \cdot 2 = 10$

Division

72	:	6	=	12
Dividend		Divisor		Quotient

halbschriftlich dividieren

$72 : 6 = 12$

$60 : 6 = 10$

$12 : 6 = 2$